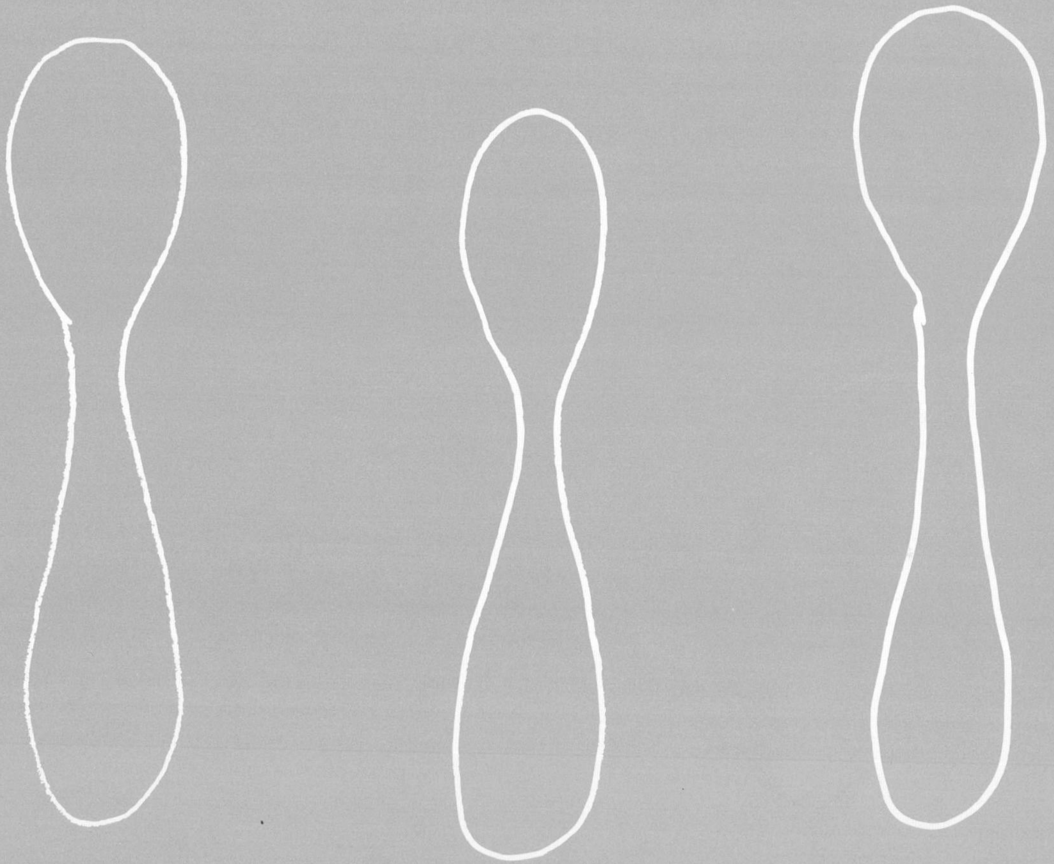

子どもに作ってあげたい料理

野﨑洋光＋三國清三＋音羽和紀

柴田書店

野﨑洋光   三國清三   音羽和紀

はじめに

子どもたちの食を危ぶむ声を、方々で耳にするようになりました。

毎日の食事が子どものからだや心に及ぼす影響を、おとなはもう少し考える必要があるのではないでしょうか。安全な食品を選び、バランスのよい献立を心がける。食材に触れさせ、食べ物や栄養についてのはなしを折にふれて聞かせる。料理を作り、みんなで囲む食卓の楽しさを体験させる。これらはみな子どもの成長にかならずプラスとなるでしょう。

本書では、現代社会における子どもの食に危機感を覚える3人の料理人に、本当に子どもたちに食べさせたいと思う料理をお作りいただきました。いずれも子どもに対する温かい愛情が感じられるものばかりですが、もちろんおとなの心とからだにも有効です。健康を考えた食卓作りのため、広くお役立ていただければと思います。

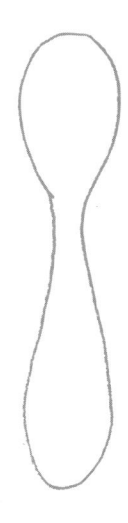

目次

撮影　髙橋栄一
装丁・デザイン　中村善郎＠yen
design assisted by Sakurako Hanekawa
編集　長澤麻美

子ども定食
野﨑洋光

幼児定食　　低学年定食　　中学年定食

子どもさんのいるご家庭では、毎日の食事作りに頭を悩ませることも多いでしょう。せっかく作ったのになかなか食べてくれなかったり、好き嫌いが多かったり。働いていらっしゃるお母さんも多く、なかなか作る時間がとれなかったり。また、世の中にはさまざまなできあいの食品があふれ、お金さえ出せばなんでも手に入る時代です。なにもかも完全に手作りで、というのはなかなか難しいことかもしれませんが、それでもできるだけ工夫をして、子どもたちにはバランスのいい食事を心がけてあげてほしいと思います。

子どもはおいしいもの好きです。たまたま食べたものがまずかったりしてその素材が嫌いになってしまうこともありますから、素材選びには気を配っていただきたいと思います。なにも特別な素材を使う必要はありません。いつも冷蔵庫に入っている身近な素材で充分です。ただし質や鮮度にはこだわって、おいしい出会いをさせてあげましょう。

おいしい料理というと、なにかいろいろな調味料を加えて味を作るもの、と誤解をされている方も多いように思いますが、そうではありません。今回はだしを使わない料理を多くご紹介していますが、だしや多くの調味料で味をつけるのではなく、素材から出る味を充分に利用することの大切さをお伝えしたいと思ったためです。

子どもの年齢を幼児、小学校低学年、小学校中学年に分け、バランスのよい食事の組み合わせを考えてみました。もちろんおとなも一緒においしく食べられるメニューですので、お試しいただければと思います。

幼児

幼児の食事は、食べやすさを考え、味を濃くしすぎないよう気をつけます。また、幼児だからといって彩りを軽視することなく、見た目の美しさにも少し気を配ると、興味をもって食べてくれることがあります。それとおとなが一緒に食べてあげること。おとながペースを作ってあげたほうが、子どもの食も進みます。そして食材の名前を教えてあげたり、それがどんなに体にいいかを、これくらい小さなうちから教えてあげるとよいでしょう。親の好き嫌いは子供にいきます。バランスよく食べさせないと、偏食が進みます。いわしなどの光ものの魚もどんどんとり入れてください。フードプロセッサーなどをじょうずに利用するとよいでしょう。

鮭つみれ
もち米入り茶碗蒸し
白ごまと青のりのおにぎり
じゃがいもスープ

もち米入り茶碗蒸し

茶碗蒸しに、もち米（おこわ）と鶏挽き肉を加えて栄養を強化。茶碗蒸しにもち米を入れると粘りが出て、妙においしくなります。あるいは小さく切ったもちを入れてもけっこうです。

材料（4人分）
卵　2個
だし　300cc
薄口ショウユ　小さじ2
おこわ（赤飯でも可）　80g
鶏挽き肉　50g
ミツバ　少量

1　鶏挽き肉は小さなザルなどに入れて熱湯につけてほぐし、水気を切っておく。
2　卵を溶きほぐし、だしを加え、薄口ショウユで味つけて漉す。
3　器に**2**の卵液と**1**の鶏挽き肉、おこわを入れて、蒸気の上がった蒸し器に入れる。はじめ強火で3分、続いて弱火で10分蒸し、蒸し上がりにミツバをのせる。

鮭つみれ

身がやわらかい鮭の切り身を使うと、魚を水洗いしたりおろしたりする手間が省け便利です。

材料（4人分）
甘塩鮭　200g
木綿豆腐　100g
卵　1個
小麦粉　大さじ1
長ネギ　1/2本
薄口ショウユ　小さじ1
昆布　適量

1　適宜に切り分けた長ネギをフードプロセッサーにかけて粗みじんにし、そこに適宜に切り分けた鮭を入れて少し回し、軽く水気を手で絞った豆腐、卵、小麦粉を加えてさらに回し（写真1、2）、薄口ショウユで味をつける。

2　鍋に2ℓほどの水と昆布を入れて沸騰させ、ここに1をスプーンですくいながら入れていく（写真3）。中火で4分ほどゆでたらすくい上げ、水気を切って器に盛る。

じゃがいもスープ

じゃがいもと牛乳で作るシンプルなスープ。食べやすいじゃがいもを牛乳でのばし、他の野菜を入れることでバランスのよい料理になります。温かくても冷たくしてもおいしく食べられますが、幼児の場合、あまり冷たくしないほうがよいでしょう。

　材料（4人分）
　ジャガイモ（蒸して裏漉したもの）
　　250g
　牛乳　400cc
　塩　小さじ1/2
　カボチャ、ニンジン、ブロッコリー
　　各適量

1　裏漉したジャガイモを鍋に入れて火にかけ、牛乳を少しずつ加えながら混ぜ合わせる（写真1、2）。塩で味つける。
2　カボチャ、ニンジンは小角に切り、ブロッコリーは小房に分けて、それぞれゆでておく。
3　1を器に注ぎ、2を少量ずつ入れる。
＊めんどうならフードプロセッサーで混ぜてしまってもよいが、鍋でこのように作ったほうが粘りが出る。

白ごまと青のりのおにぎり

手で結ぶおむすびは、心と心を結ぶ大事な食べ物。心を込めて軽くにぎってください。

　材料（4人分）
　ご飯　適量
　白ゴマ、青のり、塩　各適量

手に薄い塩水をつけて1個20gくらいのおにぎりを作り、白ゴマと青のりをまぶす。

幼児定食 **2**

いわしハンバーグ
揚げ豆腐　そぼろあんかけ
ごま豆腐
スプーンご飯
もずくのみそ汁

いわしハンバーグ

難しいように思いますが、一度作ってみると意外と簡単でまた作りたくなります。いわしは新鮮なものも使うこと。

材料（4人分）
A
|　イワシ（上身）　100g
|　木綿豆腐　70g
|　レンコン（ゆでたもの）　70g
|　小麦粉　大さじ1 1/2
|　生姜　5g
|　長ネギ　20g
|　薄口ショウユ　10cc
サラダ油

1　**A**の材料を合わせてフードプロセッサーにかけ、ペースト状にする（写真**1**、**2**）。
2　**1**を食べやすい大きさのハンバーグ形に形作り、サラダ油を薄くひいたフライパンに入れて焼く（写真**3**）。両面ともこんがりと焼いたら器に盛る。

揚げ豆腐 そぼろあんかけ

鶏挽き肉で作るそぼろあんは子どもたちも
好きな味。動物性たんぱく質も補えます。

材料（4人分）
絹漉し豆腐　250g
片栗粉　適量
鶏挽き肉　100g
長ネギ（粗みじん切り）　10cm分
だし　120cc
ショウユ　20cc
ミリン　20cc
水溶き片栗粉　小さじ1
揚げ油

1　鶏挽き肉はザルに入れて熱湯につけて
ほぐし、余分な脂とアクを抜き（写真1）、
水気を切る。
2　鍋にだし、ショウユ、ミリンを合わせ
て火にかけ、1の挽き肉と長ネギを入れて
煮る（写真2）。沸騰したら水溶き片栗粉を
加え、とろみをつける。
3　豆腐は水気りした後食べやすい大きさ
に切り、表面に薄く片栗粉をまぶす。中温
に熱した油に入れて揚げる（写真3）。
4　3の豆腐の油を切って器に盛り、2の
そぼろあんをかける。

もずくのみそ汁

材料（4人分）
だし　300cc
みそ　20g
もずく　50g
青菜（カブの葉を使用）　適量

1　もずくは熱湯に通し、食べやすく切る。青菜はさっ
とゆで、細かく切る。
2　鍋にだしを温め、みそを溶き入れ、1のもずくと青
菜を適量入れて器に盛る。

ごま豆腐

ごま豆腐に野菜を加え、栄養と見た目の美しさをプラス。プロはくず粉を使いますが、家庭で手軽に作るなら片栗粉を利用しましょう。

材料（4人分）
ゴマ豆腐生地
　片栗粉　70g
　練りゴマ（白）　100g
　塩　少量
　水　500cc
ジャガイモ、ニンジン、ブロッコリー
　　各50g
シイタケ　4枚
かけ汁
　だし　200cc
　ミリン　50cc
　ショウユ　50cc
　削り節　ひとつまみ

1　ジャガイモ、ニンジン、シイタケは小角に切り、ブロッコリーも小さく切って、それぞれゆでておく。
2　鍋にだし、ミリン、ショウユを合わせて火にかけ、削り節を加えて沸騰させ、漉して冷ましておく。
3　別鍋に片栗粉、練りゴマ、塩を入れて混ぜ合わせて火にかけ、水を少しずつ加えながら混ぜる（写真**1**～**3**）。焦がさないよう注意しながら10～15分よく練り混ぜる。
4　小さな湯飲み茶碗などにラップ紙を敷き、**1**を少量ずつ入れて**3**を入れ（写真**4**）、茶巾状に包んで輪ゴムでとじ、冷水につけておく。
5　**4**が冷えて固まったらラップからとり出して器に盛り、**2**のかけ汁をかける。
＊ラップに包んだまま冷蔵庫に入れておけば1週間ほどもつが、3日目をすぎるあたりから生地がぽそぽそになってくる。その場合はラップのまま水に入れて火にかけ、ゆっくり沸騰させた後再び冷水につけて冷やすと、またもとの食感が戻る。

スプーンご飯

なかなかご飯を食べてくれないお子さんも、スプーンにのせてあげればパクパク食べてくれるかもしれません。

きれいなスプーンに一口分ずつご飯をのせ、器に盛る。

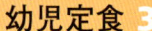

野菜おやき
トマトにゅうめん
ほうれん草入り白和え
しらすのり巻き

野菜おやき

手近な材料でできる簡単な料理ですが、しっかり野菜が食べられます。ホットプレートを利用して、親子で作ってみてはいかがでしょう。

材料（4人分）
A
　小麦粉　50g
　卵　1個
　水　50cc
　薄口ショウユ　10cc
キャベツ（ゆでたもの）　50g
シイタケ（ゆでたもの）　2個
ユリ根（ゆでたもの）　30g
長ネギ（粗みじん切り）　1/2本
サクラエビ　10g
サラダ油

1　Aの材料をよく混ぜ合わせる。
2　キャベツは1cm角くらいに、シイタケは8mm角くらいに切る。ユリ根は粗くほぐす。
3　2と長ネギ、サクラエビをボウルに入れ、1を加えて混ぜ合わせ（写真1）、サラダ油を薄くひいたフライパン（または中華鍋）に入れて焼く（写真2）。下の面が焼けたら裏返して両面とも焼いたら、食べやすく切り分けて器に盛る。

ほうれん草入り白和え

白和えと聞くと地味に感じますが、サラダ
と考えれば新しい世界が広がります。

材料（4人分）
ホウレン草　3株
油揚げ　1/2枚
糸コンニャク　50g
ニンジン　20g
和え衣
絹漉し豆腐　200g
砂糖　大さじ1
薄口ショウユ　小さじ1
練りゴマ（白）　大さじ1/2
だし　100cc
ショウユ　小さじ1

1　豆腐はふきんに包み、同じ重さの重石
をして30分おいた後、裏漉しする(写真**1**)。
すり鉢に入れ、砂糖、薄口ショウユ、練り
ゴマを加えてすりこぎでよくすり混ぜる
(写真**2**)。
2　油揚げは半分に渡した後、1cm幅の短
冊に切り、熱湯をかけて油抜きする。糸コ
ンニャクは3cm長さに切り、湯通しする。
ニンジンはマッチ棒状に切る。
3　鍋にだしとショウユを合わせて火にか
け、**2**の油揚げ、糸コンニャク、ニンジン
を入れて煮る(写真**3**)。ある程度火が入っ
たら火からおろし冷ましておく。
4　ホウレン草はゆでて水気を切り、3cm
長さに切って、冷めた**3**に加え、少し浸し
ておく(写真**4**)。
5　**4**の汁気を軽く絞り、**1**の衣で和える
(写真**5**)。

トマトにゅうめん

トマトジュースを利用します。水で割るのがポイント。だしをとる必要がなく、脂もなく、アッサリとした和食の味に仕上がります。

材料（4人分）
そうめん　3杷
トマトジュース　300cc
水（ミネラルウォーター）　150cc
薄口ショウユ　30cc
ブロッコリー（小房に分け、ゆでたもの）
　少量

1　そうめんはゆでる。
2　別鍋にトマトジュース、水、薄口ショウユ、ブロッコリーを合わせて温め、**1**のそうめんの水気を切って加え軽くなじませ（写真**1**）、器に盛る。

しらすのり巻き

しらすの塩分でご飯が進みます。のりは少しかみ切りづらいので、小さなお子さんには切り目を入れるなど工夫してあげるとよいでしょう。

材料（4人分）
ご飯、シラス干し、焼きのり　各適量

ご飯にシラス干しを適量混ぜ合わせ、のりで細く巻く。食べやすい大きさに切って、器に盛る。

小学校低学年

ほとんどおとなと同じものが食べられますが、かならず栄養のバランスは考えてあげたいもの。体の基盤ができ上がる大事な時期です。

低学年定食 **1**

きんめだいの煮おろし
じゃがいものカレー風味きんぴら
磯辺揚げ
野菜汁
ご飯

野菜汁

味つけは昆布と薄口しょうゆのみ。あとは
野菜や大豆からおいしい旨みが出ます。無
理に味をつけようとすると、かえっておい
しくなくなります。

材料(4人分)
カリフラワー　100g
玉ネギ　50g
ニンジン　50g
大豆(水煮)　100g
水　400cc
薄口ショウユ　15cc
昆布　10cm角1枚

1　カリフラワーは小房に分けてさっとゆ
で、細かく切る。玉ネギ、ニンジンは1cm
角に切り、さっとゆでる。
2　鍋に分量の水と薄口ショウユ、昆布を
入れて火にかけ、**1**と水煮の大豆を入れて
煮る(写真**1**)。野菜に火が通ればでき上が
り。

きんめだいの煮おろし

煮魚が嫌いなお子さんでも、こんなふうに大根おろしを合わせればおいしく食べられます。

材料（4人分）
キンメダイ（切り身）　2切れ
ワカメ（戻したもの）　50g
大根おろし　50g
水　150cc
ショウユ　50cc
ミリン　50cc
小麦粉、揚げ油

1　ワカメをフードプロセッサーにかけて、粗く刻んでおく（包丁で切ってもよい）。大根おろしは水で軽く洗い、水気をよく絞っておく。
2　鍋に分量の水とショウユ、ミリン、1のワカメを入れて一煮立ちさせ、大根おろしを加えて混ぜる。
3　キンメダイに小麦粉をまぶし、160〜170℃の油で揚げる。油を切って2の鍋に入れ、さっと煮る。
4　3のキンメダイを器に盛り、煮汁をかける。

じゃがいものカレー風味きんぴら

いつもの料理にちょっとカレー風味を加えるだけで、大好きなメニューになるかもしれません。

材料（4人分）
ジャガイモ　200g
ハム　50g
酒　大さじ3
砂糖　大さじ2
ショウユ　大さじ1
カレー粉　小さじ1/4
サラダ油　小さじ2

1　ジャガイモは皮をむき、太めのせん切りにする。ハムも同じくらいの幅のせん切りにする。酒、砂糖、ショウユは合わせておく。
2　フライパンにサラダ油を熱し、**1**のジャガイモを入れて炒める。半分透き通ってきたらハムを加えて炒め合わせ、火が通ったら**1**の調味料を加えて（写真1）、さらにカレー粉を加えて（写真2）味をからませる。

磯辺揚げ

お父さんのビールのつまみにもなりそうですが、栄養バランスのよさを考えると、子どもにもぜひ食べさせたいものです。

材料（4人分）
ちくわ　2本
チーズ　125g
衣
　小麦粉　50g
　水　100cc
　青のり　適量
揚げ油

1　チーズを棒状に切り、ちくわの中に射込む。
2　小麦粉と水を合わせて天ぷら衣を作り、青のりを混ぜ合わせる。
3　**1**に**2**の衣をつけ、160〜170℃に熱した揚げ油に入れて揚げる。カラリと揚がれば油を切り、一口大に切って、切り口を上にして器に盛る。

低学年定食 2

かぼちゃの揚げ出し
いわしチーズ焼き
ほうれん草の煮浸し
大根としいたけのみそ汁
ご飯

いわしチーズ焼き

"いわし七度洗えば鯛の味"という諺がありますが、おいしいことのたとえです。じょうずに作ってあげてください。

材料（4人分）
イワシ　8尾
スライスチーズ　8枚
塩

1　イワシは3枚におろし、薄塩をふり30分おいておく。チーズはそれぞれ半分に切る。
2　1のイワシの水気をとり、網にのせて両面を焼く。九分通り焼けたらチーズを1枚ずつのせる（写真**1**）。表面が溶けたらでき上がり。

かぼちゃの揚げ出し

ほうれん草の煮浸し

大根としいたけのみそ汁

かぼちゃの揚げ出し

甘く煮つけたかぼちゃより、案外子どもたちは好きだったりします。

材料（4人分）
カボチャ　200g
鶏モモ肉　200g
ピーマン（赤・黄）　計1個分
水　500cc
ショウユ　50cc
ミリン　50cc
昆布　10cm角1枚
揚げ油

1　カボチャは皮をむいて一口大の角切りにし、鶏肉も一口大に切る。ピーマンは短冊に切る。160℃ほどに熱した油に一種類ずつ入れて素揚げし（写真**1、2**）、八分通り火を通した後、湯をまわしかけて油抜きする。
2　鍋に分量の水と昆布、ショウユ、ミリンを入れて火にかけ（写真**3**）、1の材料を入れて煮る。火が通ればでき上がり。

ほうれん草の煮浸し

豚肉やほうれん草から味が出るので、特にだしを加えなくても充分おいしくなります。

材料（4人分）
ホウレン草　4株
豚バラ肉（薄切り）　150g
水　300cc
ショウユ　25cc
酒　10cc
昆布　10cm角1枚

1　ホウレン草はさっとゆで、4cm長さに切る。豚肉は4〜5cm幅に切り、熱湯にさっと通して霜ふりし（写真**1**）、水気をとる。
2　鍋に分量の水と昆布、ショウユ、酒を入れて火にかける（写真**2**）。1のホウレン草と豚肉を入れて一煮立ちさせ（写真**3**）、でき上がり。

大根としいたけのみそ汁

みそ汁は、生きたみそ、呼吸をしている熟成したみそを使うとこが大事です。

材料（4人分）
水　500cc
昆布　少量
みそ　40g
大根　70g
シイタケ　4枚

1　大根は薄い半月切りにする。シイタケは軸をとる。
2　鍋に分量の水と昆布を入れて火にかけ、1の材料を入れて軽く煮て、みそを溶き入れる。

低学年定食 3

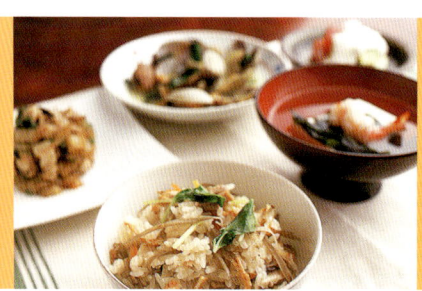

五目ご飯
豚肉、玉ねぎ、ほうれん草の炒めもの
あさりバター
まぐろとアボカドの山かけ
吸物

まぐろとアボカドの山かけ

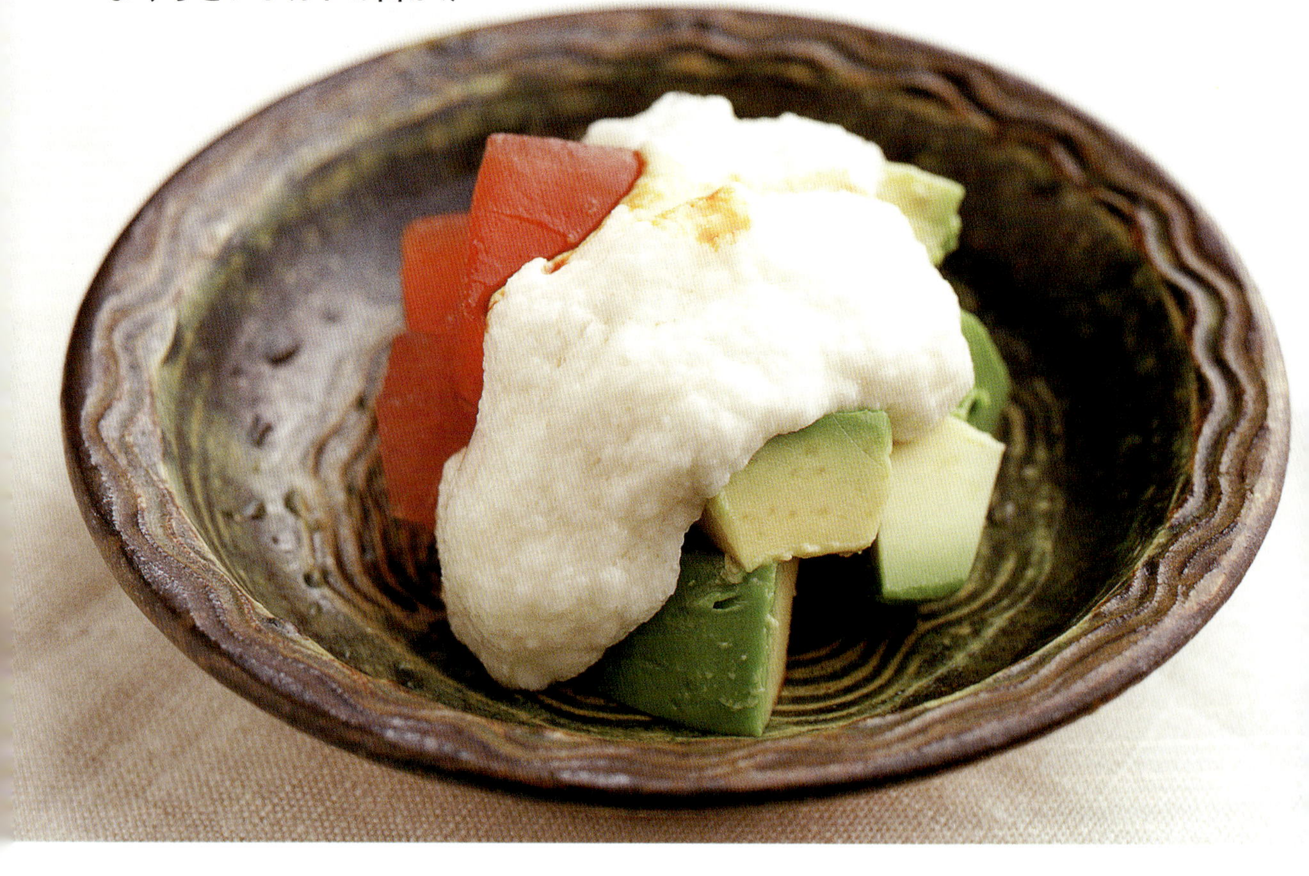

五目ご飯

あさりバター

まぐろとアボカドの山かけ

うちの娘の大好物です。

材料（4人分）
マグロ　180g
アボカド　1個
おろし山イモ　カップ1
ショウユ　少量

1　マグロと皮をむいたアボカドは、それぞれ食べやす
い大きさに切る。
2　1を器に盛り合わせ、おろし山イモをかけ、ショウ
ユをたらす。
＊おとなにはワサビを添えるとよい。

五目ご飯

おかずいらずのご飯。いろんな材料を使い、週一度は作りたい料理です。

材料（4人分）
米　3合
水　550cc
酒　60cc
薄口ショウユ　60cc
鶏モモ肉（手羽でも可）　100g
ニンジン　50g
ゴボウ　70g
シイタケ　2枚
油揚げ　1枚
ミツバ（2cm長さに切る）　少量

1　ニンジンは細いせん切りに、ゴボウは細いささがきに、シイタケは薄切りに、油揚げは半分に渡し切った後細切りにする。鶏肉は小さく切る。
2　鍋に分量の水と酒、薄口ショウユを合わせて火にかけ、**1**の材料を入れて一煮立ちさせる（写真**1**）。
3　米は15分ほど水につけ、ザルに上げてさらに15分ほどおいた後、土鍋に入れる（炊飯器で炊いてもよい）。
4　**2**をザルにあけて煮汁のみを**3**に加え（写真**2**）、炊いていく。はじめは強火で7〜8分炊き、沸騰してきたら吹きこぼれない程度の火力にして5〜7分。米肌が見えてきたらザルに上げておいた具を加え（写真**3**）、火力を落として5分、さらに弱火にして7分ほど炊く。最後に30秒ほど強火にした後火を止め、ふたをしたまま5分蒸らす。ミツバを加えてさっくりと全体を混ぜ、器に盛る。

あさりバター

おとなが親切に殻をとってあげるより、子どもは自分で殻から身をとりながら食べるのが楽しいようです。アサリとバターの塩分がありますから、他の塩気は必要ありませんが、もし薄いようでしたら薄口しょうゆを少量たらすといいでしょう。

材料（4人分）
アサリ（殻つき）　500g
バター（有塩）　40g
ワケギ（1cmに切る）　少量

1　砂抜きしたアサリを鍋に入れて強火にかけ、から煎りする。鍋の温度が上がってきたら水を100cc加え、バターを入れてふたをする（アルミ箔などを利用。写真**1**、**2**）。殻が開いたらワケギを加えて混ぜ合わせ（写真**3**）、器に盛る。

豚肉、玉ねぎ、ほうれん草の炒めもの

吸物

豚肉、玉ねぎ、ほうれん草の炒めもの

身近な材料がいちばんおいしく手軽です。形を整えれば
こんなにおしゃれな一品に。

材料（4人分）
豚バラ肉　100g
ホウレン草　2株
玉ネギ　150g
サラダ油　小さじ2
薄口ショウユ　大さじ1
コショウ　少量

1　豚肉は1cm幅に切り、熱湯にさっと通して霜ふりし
ておく（写真1）。ホウレン草はさっとゆで、水気を切っ
て1cmに切る。玉ネギは粗みじんに切る。
2　フライパンにサラダ油を熱し、1の玉ネギを炒める。
ホウレン草を加え、さらに豚肉を加えて炒め合わせ、薄
口ショウユ、コショウを加えて手早く味をからませる
（写真2）。
3　2をセルクル型（円筒型）などに詰めて抜き、皿に盛
りつける。

吸物

材料（4人分）
エビ（殻つき才巻きエビ。または冷凍でも可）　4尾
絹漉し豆腐　1/2丁
ワカメ（戻したもの）　40g
だし　500cc
薄口ショウユ　20cc
酒（なくてもよい）　50cc
片栗粉（またはくず粉）　適量

1　エビは尾を残して殻をむき、身を開いて背ワタをと
る。片栗粉を薄くまぶして沸騰湯にさっと通し、水気を
切っておく。豆腐は4等分に切る。ワカメは適宜に切る。
2　鍋にだし、薄口ショウユ、酒を合わせて火にかけ、
1のエビ、豆腐、ワカメを入れてさっと温め、器に盛る。

小学校中学年

世の中の食べ物はどんどんスマートな方向にいって
いるようで、よりやわらかく、なめらかに、食べや
すくなっていくような気がします。時には一生懸命
あごを動かし食べることや、青背の魚、青くさい野
菜などを口にしてみることも必要ではないでしょう
か。そんなことも考えて献立を作ってみました。

中学年定食 **1**

豚肉と大根の煮物
ゆで野菜　ごまドレッシングがけ
めかぶとろろ
じゃこご飯
小松菜とねぎのみそ汁

豚肉と大根の煮物

豚肉と大根の煮物

豚肉も大根も食べごたえがあります。食べることが大事です。

材料（4人分）
豚バラ肉（塊）　500g
大根　300g
長ネギ（5cmに切ったもの）　8本
おから　適量
水　1500cc
昆布　20cm×10cm
薄口ショウユ　60cc

1　豚肉は4cm幅、1cm厚さくらいに切り分け、おからを加えた湯でゆでる。

2　大根は皮をむき、4等分の輪切りにする。

3　**1**の豚肉を20分ほどゆでたところで**2**の大根を加え、さらに40分ほどゆでる。ゆでたらどちらも水洗いしておく。

4　別鍋に分量の水と昆布、薄口ショウユを入れて火にかけ、**3**の豚肉と大根、ネギを入れて弱火で煮る（写真**1**、**2**）。火が通ればでき上がり。

ゆで野菜　ごまドレッシングがけ

野菜は生よりゆでたほうがたくさん食べられ、ビタミン、ミネラルが多くとれます。よくかんで、歯と脳と内臓の運動です。

材料（4人分）
カリフラワー　1/2株
ブロッコリー　1/2株
キャベツ（葉）　4枚
ニンジン　1/2本
シイタケ　4枚
レンコン　1節
酢
ドレッシング
| サラダ油　大さじ5
| ゴマ油　大さじ1
| 酢　大さじ4
| ショウユ　大さじ2
| 煎りゴマ（白）　大さじ2
| ニンジン（すりおろし）　大さじ1
| 玉ネギ（すりおろし）　大さじ1〜2

1　カリフラワーとブロッコリーは小房に分け、キャベツは食べやすい大きさに切り、ニンジンは皮をむいて棒状に切り、シイタケは軸をとり、すべて適度にゆでておく。レンコンは皮をむいて5mm厚さに切り、酢を少量加えた湯でゆでる。
2　ドレッシングの材料を混ぜ合わせる（写真**1**）。
3　**1**を皿に盛り合わせ、**2**のドレッシングをまわしかける。

めかぶとろろ

めかぶそのままでは食指を動かされません。こんなに色とりどりにするとおいしそうなサラダになります。

材料（4人分）
メカブ　100g
オクラ　12本
長イモ　150g
卵黄　4個
ショウユ

1　メカブはゆでて、フードプロセッサーにかける。オクラは色よくゆで、半分に切ってスプーンで種を除き、フードプロセッサーにかける。長イモは皮をむき、フードプロセッサーにかける。
2　器に**1**を盛り合わせ、中央に卵黄を1個ずつのせる。食べるときにショウユをたらす。

ゆで野菜　ごまドレッシングがけ

めかぶとろろ

じゃこご飯

小松菜とねぎのみそ汁

じゃこご飯

食べやすく栄養満点の炊き込みご飯。おかわりもありです。

材料（4人分）
米　3合
水　650cc
薄口ショウユ　大さじ11/2
チリメンジャコ　100g
ゆかり　適量

1　米は浸水させた後、分量の水と薄口ショウユを加えて普通に炊き上げる（土鍋での炊き方はp.31参照）。
2　炊き上がる直前にチリメンジャコを加え、蒸らした後ゆかりを加え、全体をさっくりと混ぜ合わせる（写真1）。

小松菜とねぎのみそ汁

ほうれん草にくらべると食べにくいですが、栄養のバランスやかむことのよさを考えると、小松菜です。

材料（4人分）
小松菜　1株
長ネギ　1/4本
水　500cc
昆布　10cm角1枚
みそ（粒みそ）　40g

1　小松菜は1cm幅のザク切りにし、長ネギは薄い小口切りにする。
2　鍋に分量の水と昆布を入れて火にかけ、一煮立ちしたら1を加える。火が通ったらみそを溶き入れる。

中学年定食 2

刺身サラダ
煮しめ
にら、トマト入り卵焼き
なめことほうれん草のみそ汁
ご飯

刺身サラダ

煮しめ

刺身サラダ

刺身も野菜を添えれば彩りのよいサラダです。野菜はあるものでけっこうです。手軽に作ってみてください。

材料（4人分）
白身魚の刺身（ヒラメなど）　300g
大根、ニンジン、玉ネギ、ラディッシュ、
　ミニグリーンアスパラガス　各適量
ドレッシング
　┃ ショウユ　大さじ3
　┃ 酢　大じさ2
　┃ ゴマ油　大さじ1/2
　┃ オレンジの絞り汁　大さじ1

1　大根、ニンジンは皮をむいて食べやすい大きさの拍子木切りにする。玉ネギは細切りにし、ラディッシュは飾り切りする。ミニアスパラガスはさっとゆで、冷水にとって水気を切る。
2　器に刺身と**1**の野菜を盛り合わせ、上記の材料を混ぜ合わせたドレッシングをかける。

煮しめ

煮しめというと、1つ1つの材料を濃い味つけでしっかり煮たものを思い浮かべる方が多いと思いますが、おせち料理ではなくふだん食べるものでしたら、そんなに濃い味つけにする必要もありません。この煮しめは驚くほど簡単。だしも必要ありません。

材料（4人分）
ジャガイモ　300g
ニンジン　200g
シイタケ　4枚
高野豆腐　2個
結び昆布　8本
コンニャク　1/2枚
水　1ℓ
薄口ショウユ　50cc
酒　50cc

1　ジャガイモは皮をむき、1個を4等分ほどに切る。ニンジンは皮をむき、乱切りにする。シイタケは軸をとる。高野豆腐は水につけて戻し、水の中で洗うようにして汚れをとった後、2.5cm×1.5cmほどに切り分ける。すべてさっとゆでておく。コンニャクは一口大にちぎり、たっぷりの水で、水から3分ほどゆでておく。
2　鍋に**1**の材料と結び昆布を入れ、分量の水と薄口ショウユ、酒を加えて煮る（写真**1**、**2**）。材料がやわらかくなればでき上がり。

にら、トマト入り卵焼き

だし巻き卵はだしをとるのが少しめんどうとお思いの方も多いことでしょう。そんなときは牛乳の旨みを利用しましょう。

材料（4人分）
卵　3個
牛乳　50cc
薄口ショウユ　大さじ1
トマト（小）　1個
ニラ　2本
サラダ油

1　トマトは小角に切り、ニラは小口切りにする。
2　卵をボウルに割りほぐし、牛乳と薄口ショウユを加えて混ぜ合わせ（写真1）、1のトマトとニラを加える。
3　卵焼き器（またはフライパン）にサラダ油を薄くひいて熱し、2の卵液を流し込み、だし巻き卵を作る要領で焼く。まきすで巻いて少しおき、形を整えた後（写真2）食べやすく切り分けて器に盛る。

なめことほうれん草のみそ汁

よい粒みそがおいしさの原点です。

材料（4人分）
ホウレン草　適量
なめこ　適量
薬味
┃長ネギ、ミョウガ、大葉　各適量
水　500cc
昆布　10cm角1枚
みそ（粒みそ）　40g

1　ホウレン草は下ゆでし、1cm幅のザク切りにする。長ネギ、ミョウガは小口切りにする。
2　鍋に分量の水と昆布を入れて火にかけ、一煮立ちしたら1を加える。火が通ったらなめこと細切りにした大葉を加え、みそを溶き入れる。

にら、トマト入り卵焼き

なめことほうれん草のみそ汁

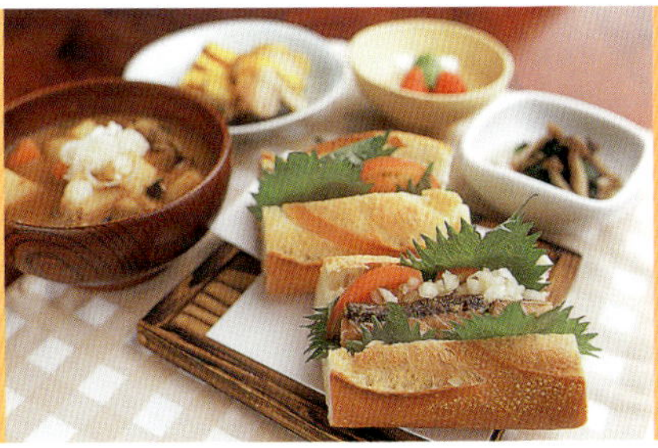

さばバーガー
鶏肉チーズ焼き
納豆汁
ほうれん草としめじの浸し
いちごとうどの緑みそがけ

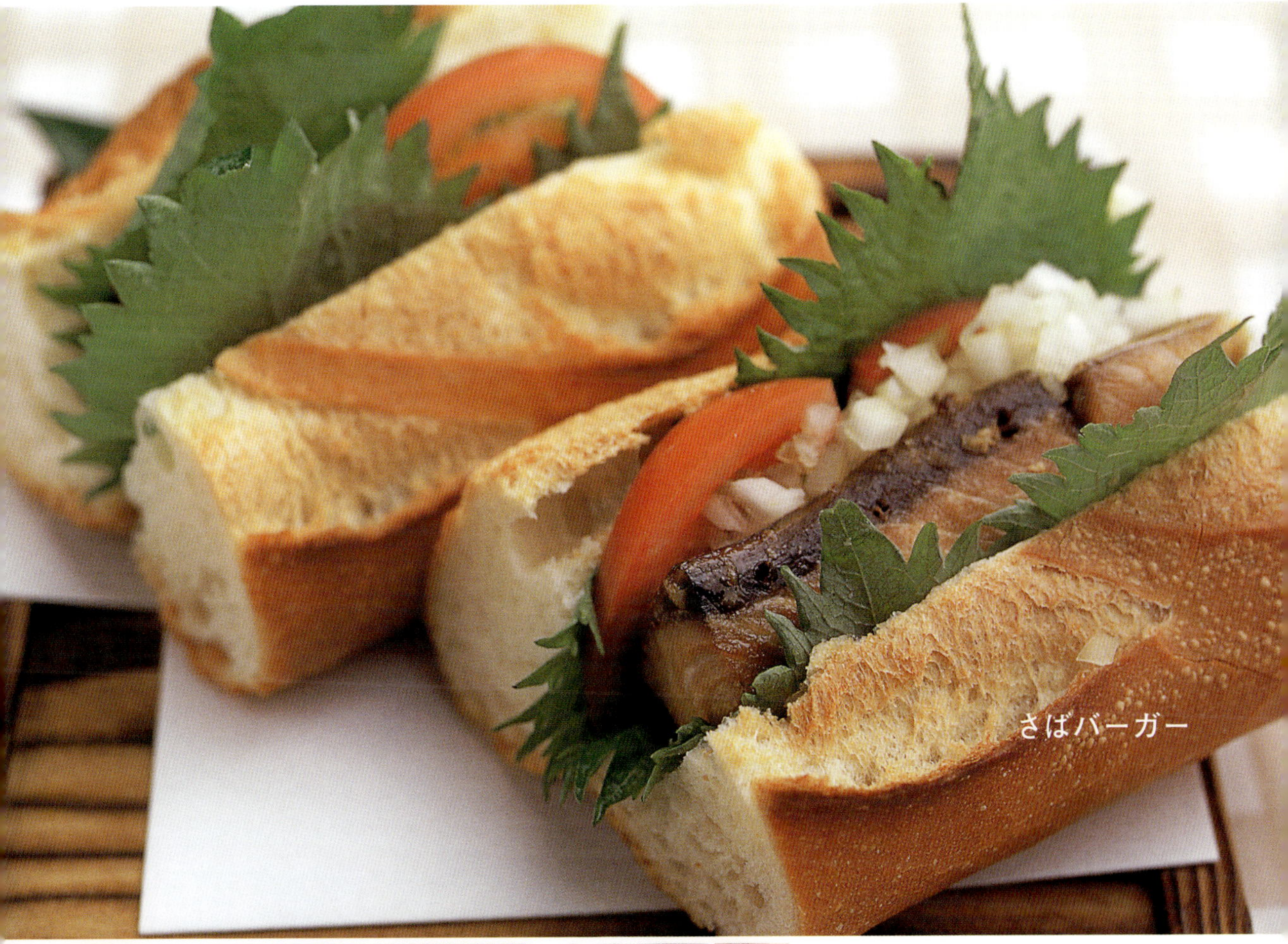

さばバーガー

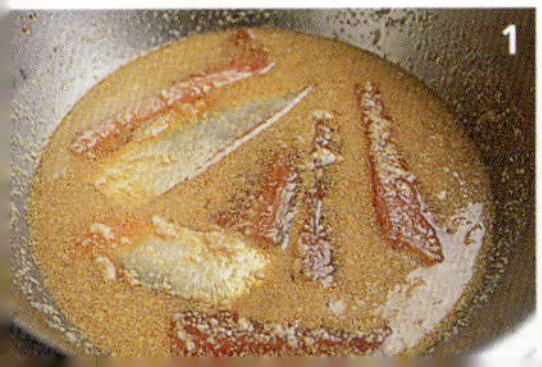

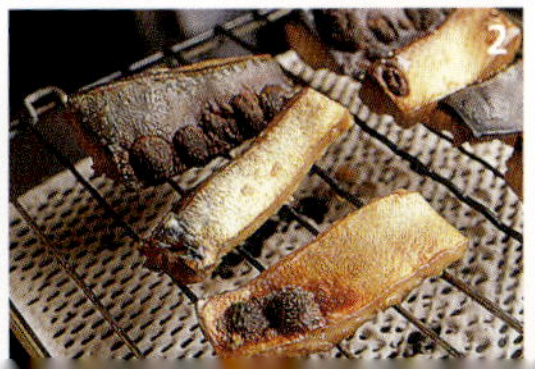

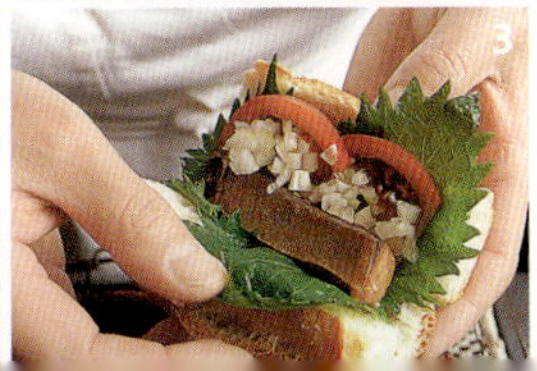

47

さばバーガー

市販のハンバーガーは、子どもたちの大好きな食べ物の1つでしょう。でも家でもおいしいハンバーガーが作れます。中身はなにもハンバーグである必要はありません。魚でも、そしてケチャップやマヨネーズなしでも、とてもおいしくできます。子どもたちのかむ力が衰えているとか。ここではあえて固いバゲットで作りました。

材料（4人分）
サバ（切り身）　半身
漬けだれ
　　ショウユ、ミリン、酒　各100cc
　　練りゴマ（白）　100g
バゲット（15cmに切ったもの）　4個
大葉　12枚
トマト（薄切り）　4枚
玉ネギ（みじん切り）　適量

1　サバは2〜3cm幅に切る。漬けだれの材料を合わせ、ここにサバを30分漬けておく（写真1）。
2　1のサバを網でこんがりと焼く（写真2）。
3　バゲットの中央に切り込みを入れ、大葉を3枚ずつ敷く。半分に切ったトマトの薄切り、玉ネギのみじん切り、2のサバをはさむ（写真3）。

鶏肉チーズ焼き

鶏肉もチーズと合わせると食べやすく色もきれいです。チーズの下に玉ねぎやピーマンをおいてもまた違う味が楽しめます。

材料（4人分）
鶏モモ肉　300g
スライスチーズ　3枚
卵黄　1個分
塩、コショウ

1　鶏肉は塩、コショウし、グリルで焼く。
2　1の鶏肉に中まで火が通ったら、スライスチーズをのせて（写真1）再びグリルに入れ、チーズが溶けかけたら卵黄をハケで塗り、卵黄を乾かすように仕上げる。食べやすく切って器に盛る。

納豆汁

納豆を炒めることにより、余分な粘りやくさみがとれます。

材料（4人分）
納豆　50g
シイタケ　4枚
シメジ　1パック
ニンジン　5cm
里イモ　2個
長ネギ（白い部分の薄い小口切り）　1/2本分
水　500cc
昆布　10cm角1枚
みそ　40g
サラダ油　大さじ1/2

1　シイタケは1枚をそれぞれ4等分に切り、シメジは石づきを切り除いてほぐす。ニンジンは皮をむいて小さめの乱切りにし、里イモも皮をむいてニンジンと同じくらいの大きさに切る。すべて軽くゆでておく。
2　納豆は細かく包丁でたたく。フライパンにサラダ油を熱し、納豆を入れ、弱火で軽く色づくまで炒める（写真1）。
3　鍋に分量の水と昆布を入れて火にかけ、1の材料と2の納豆を入れて弱火で煮る（写真2）。半量のみそも加えて煮込み（写真3）、材料に火が入ったら残りのみそを溶き入れる（写真4）。器に盛り、ネギをのせる。

鶏肉チーズ焼き

納豆汁

49

ほうれん草としめじの浸し

いちごとうどの緑みそがけ

ほうれん草としめじの浸し

単純なおいしさを味わうことも、素材の味を楽しむポイントになります。

材料（4人分）
ホウレン草　4株
シメジ　1パック
ハム　4枚
だし　100cc
ショウユ　小さじ1

1　ホウレン草はゆでて、4cm長さに切る。シメジは石づきを切り除き、ほぐす。ハムはいちょう切りにする。
2　鍋にだしとショウユを合わせて火にかけ、**1**のシメジとハムを入れて煮る。シメジに火が通ったら火からおろし、冷めたら**1**のホウレン草を入れて浸す（写真**1**）。

いちごとうどの緑みそがけ

色のコントラストが美しく、また意外に簡単なバランスのとれた一品。

材料（4人分）
イチゴ　8個
ウド　4cm×4本
白みそ　100g
卵黄　1個分
ミリン　大さじ1
酒　大さじ1
ワケギ（青い部分）　2本
酢

1　鍋に白みそ、卵黄、ミリン、酒を入れ、火にかけて練る。練り上がったら冷ましておく。
2　ワケギは薄い小口切りにしてすり鉢に入れ、少しすりつぶし、**1**のみそを加えてよくすり混ぜ（写真**1**）、緑みそを作る。
3　イチゴはヘタをとる。ウドは5cm長さに切って酢水に浸し、水にとり、水気を切る。イチゴとウドを器に盛り合わせ、**2**の緑みそをかける。

● 三國清三　　子どものための簡単フランス料理コース

フランス料理というと、なにか難しいもの、家ではとても作れないもの、と思っている方もいるのではないでしょうか。その理由のひとつにブイヨン、コンソメといった"だし"の存在があるでしょう。そこで今回はこれらを使わずに作れる料理を中心にご紹介してみました。ただし、だしを使わずにおいしい料理を作るには、炒め方、焦がし方、煮詰め方などに重要なポイントがあります。このポイントにさえ注意すれば、充分おいしい料理が作れます。時にはご家庭で子どもたちと一緒に、コース料理の楽しさを味わってみてください。

現在私は「日本フランス料理技術組合」と「ヤヨイ食品株式会社」の共同企画である「KIDS-シェフ　プロジェクト」の活動で、年に数回いろいろな地方の小学校に赴いています。活動の内容は、小学校高学年を対象に、まず私が料理を作って味覚に対するインパクトを与え、次に子どもたちに地元の食材を使った料理を考えてもらい、実際にそれを子どもたちに作ってもらうというもの。味覚の発達を促し、同時に食への関心をもたせること。そして地元の食文化、風土に誇りをもたせることを目的としています。

味にはしょっぱい、酸っぱい、苦い、甘いの4つの要素があります。そしてこれを小学校の3年生ぐらいまでに、しっかりとわからせてあげることが大事です。たとえばポテトフライはそのままではちっともおいしくない。塩をつけることによってはじめておいしくなるんです。チョコレートは本来苦いもの。それに砂糖の甘さが加わって、あのおいしい味になる。そういうことを1つ1つ確認させながら、味覚の目覚め、形成を助けてあげることが大切です。

コース 1

サーモンの簡単マリネ
おいもと野菜たっぷりのスープ
鶏肉のソテー　プラムソース
フルーツとアイスクリームの
　あったかデザート

サーモンの簡単マリネ

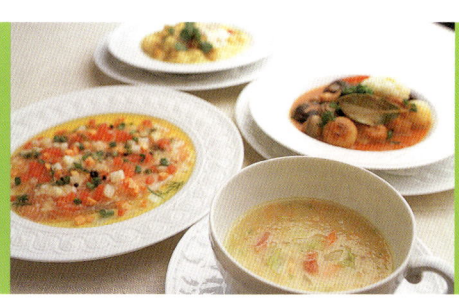

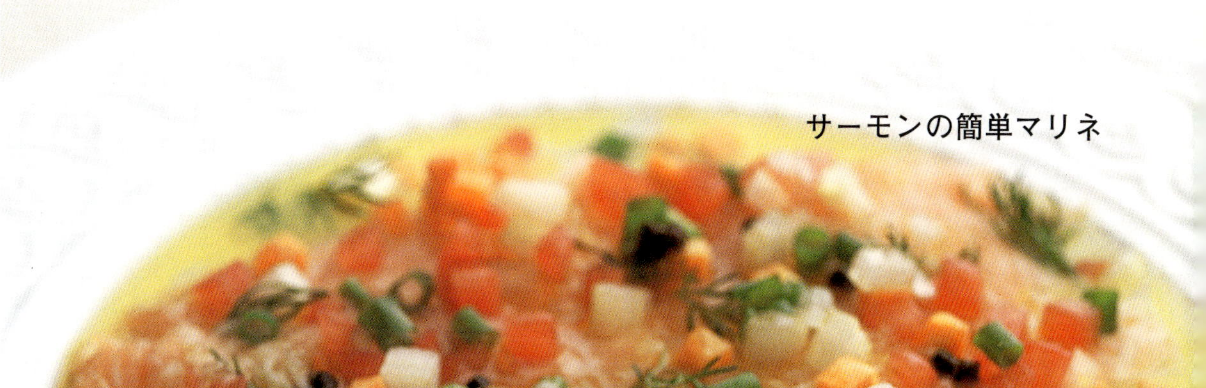

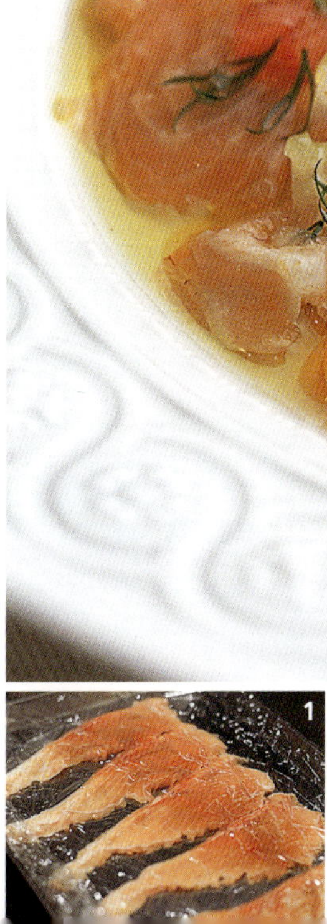

1

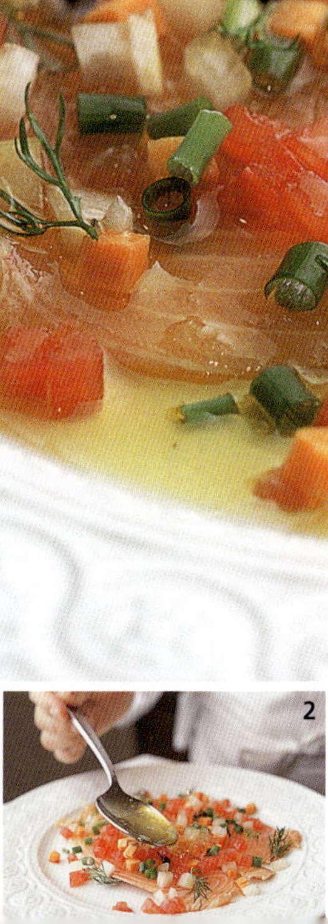

2

サーモンの簡単マリネ

北海道の鮭のルイベは、昔アイヌが川魚を雪の中で凍らせて保存食としたもので、虫を殺す意味があります。家庭で鮭を生で食べるときは、パーシャル冷蔵庫（なければ冷凍庫）を利用するとよいでしょう。

料理を美しく見せるコツは色合いと切り方に神経を使うこと。野菜をきれいに切り揃えるだけで、りっぱなデコレーションになります。

材料（4人分）
生鮭（切り身）　420g（うち60gはそうじ分）
トマト（皮を湯むきし、種を除いたもの）　40g
ニンジン　40g
セロリ　40g
粒山椒　40粒
万能ネギ（小口切り）　4g
ディル（フレッシュ）　40枚
ドレッシング
　オリーブ油　210cc
　白ワインビネガー　40cc
　レモン汁　30cc
　玉ネギ（みじん切り）　60g
　塩、コショウ

1　生鮭は小骨を抜いて皮をひき、軽く血合いをとる。

2　1の鮭を12枚の薄切りにし（1枚30g）、ラップ紙を敷いたバットに並べてラップ紙をかぶせ、パーシャル冷蔵庫に7分間入れる（写真1。パーシャル冷蔵庫がない場合は冷凍庫に3〜4分入れる）。

3　トマト、ニンジン、セロリはそれぞれ3mm角に大きさを揃えて切り、氷水にさらしてしゃきっとさせる。

4　ドレッシングの材料を混ぜ合わせる。

5　2の鮭を、なるべく重ならないように皿に並べ、3の野菜の水気をよく切って上に散らす。粒山椒、万能ネギ、小さくちぎったディルを散らし、4のドレッシングを全体にかける（写真2）。

＊冷蔵庫に入れておき、食べるときに出す。5分後でも食べられるが、前日から入れておいてもよい。マリネする時間が長ければ、それだけ味がしみ込む。

＊鮭はスモークサーモンを利用してもよい。

＊魚に塩、コショウをしないときは、ドレッシングの塩、コショウをやや強めにするとよい。

おいもと野菜たっぷりのスープ

ブイヨンは使わずに、野菜の味を生かしてあっさりと仕上げます。色をつけたくないスープは、材料を色づけないようじっくりと炒めること。固いものから順に入れ、色合いと食感を残すのがポイントです。

材料（4人分）
ジャガイモ　2個
玉ネギ　1個
ニンジン　1本
セロリ　1枝
ベーコン　100g
キャベツ　1枚
白菜　1枚
無塩バター　50g
水　700cc
塩、コショウ
浮き身
　ベーコン、白菜、
　キャベツ、ニンジン、
　ジャガイモ　各少量

1　ジャガイモは皮をむき、縦半分に切った後、2cm幅に切る。玉ネギ、ニンジン、セロリは薄切りに、ベーコンは短冊切りにし、キャベツと白菜は一口大に切る。

2　浮き身の材料はそれぞれ小さなひし形に切り、塩を加えた湯でさっとゆがいておく（写真1）。

3　鍋にバター20gを溶かし、1のベーコンを入れて焦がさないようにしっかり炒める（香りづけ）。

4　3に順次バターを加えながら、1のジャガイモ、ニンジン、玉ネギ、セロリを入れ、色づけないようじっくりと中火で炒める（写真2）。

5　4をよく炒めたら、キャベツ、白菜を加えてさっと炒め、塩、コショウをする（味をひき出すため）。

6　水を加えて（写真3）沸かし、アクを引きながら15〜20分煮込んだ後（写真4）、再び塩、コショウをする。

7　味が出たら、軽くミキサーにかける（写真5。野菜の粒が残っている程度に）。

8　7を再び鍋に戻して沸かし（写真6）、3回目の塩、コショウで味を調える。スープカップに注ぎ、2の浮き身を散らす。

＊仕上がりをなめらかにしたければもう少しミキサーにかけてもよいが、野菜の粒が残っているほうが色合いも美しい。

＊浮き身は単なるデコレーションだけではなく、中に入っているものを知らせる意味もある。

おいもと野菜たっぷりのスープ

鶏肉のソテー　プラムソース

フルーツとアイスクリームのあったかデザート

鶏肉のソテー　プラムソース

鶏の皮の脂をカリッと焼いて風味を出しますが、これは鶏のだしをとる方法に通じます。後で白ワインなどを加えると薄まるので、少し強めに色をつけておくくらいでいいでしょう。そして白ワインを加えたら完全に煮詰めること。きちんと煮詰めないと味に深みが出ません。

材料（4人分）
鶏モモ肉　400g
マッシュルーム　8個
シイタケ（十字に切り目を入れる）　8枚
トマト　1個
小玉ネギ　8個
ブロッコリー　4房
カリフラワー　4房
プラム（乾燥）　8個
ニンニク（みじん切り）　10g
白ワインビネガー　適量
白ワイン　適量
トマトペースト　120g
水　300cc
ローリエ　1枚
粒マスタード　少量
小麦粉（薄力粉）　適量
オリーブ油　適量
パセリ（みじん切り）　少量
塩、コショウ

1　鶏肉は皮つきのまま1枚を8等分に切り分け（1切れ25g）、塩、コショウをする。
2　トマトは8等分のくし形切りにする。ブロッコリーとカリフラワーは一口大に切り、塩を加えた湯で少し固めにゆがいておく。プラムは水につけて戻す。
3　鍋にオリーブ油とニンニクを入れて熱し香りを出す。
4　焼く直前に1の鶏肉に小麦粉をつけ、余分な粉はよくはたき落として3の鍋に皮のほうから入れ（写真1）、全体にキツネ色に焼き目をつける。
5　4の鍋に小玉ネギを加えて色づけ、マッシュルーム、シイタケを順に加える。キノコにも色がついたら全体を一度金ザルに上げ、余分な油を切っておく。
6　5を再び鍋に戻し、白ワインビネガー、白ワインを加え（写真2）、鍋底の旨みをこそげとりながら、水分がなくなるまで煮詰める。
7　6に2のトマトとプラムを加えて軽く煮た後（写真3）、トマトペースト、水を加えてよく混ぜ合わせる（写真4）。沸騰したらローリエを入れ、アクを引きながら7〜8分、鶏肉がやわらかくなり味が出るまで煮込む（写真5）。
8　鶏肉がやわらかくなったら2のブロッコリーとカリフラワーを入れ、塩、コショウ、粒マスタードで味を調える。
9　器に具をバランスよく盛り、パセリを散らし、オリーブ油を少量かける。

フルーツとアイスクリームのあったかデザート

冷たいアイスクリームと温かいソースの組み合わせがおもしろいデザート。ソースにミントを加えると、少しニュアンスが出ます。

材料（4人分）
バナナ　4本
ミックスフルーツ（缶詰）　1缶
アイスクリーム（キャラメル味。市販）　4個
無塩バター　100g
グラニュー糖　100g
レモン汁　適量
粉糖　適量
ミントの葉　4枚
ソース
　卵黄　5個分
　水　400cc
　ミックスフルーツのシロップ　適量
　グラニュー糖　適量
　レモン汁　適量
　ミントの葉　3枚

1　バナナは皮をむいて乱切りにし、レモン汁をまぶし、グラニュー糖の一部を軽くふりかけておく。
2　ミックスフルーツはシロップを切っておく（シロップはとっておく）。
3　鍋にバターを入れて熱し、泡立ってきたら残りのグラニュー糖を加えて溶かし、水を少量加え、少しキツネ色になってきたらレモン汁を少量加える（写真1）。
4　3に1のバナナと2のミックスフルーツを加えてよく混ぜ（写真2）、バナナが煮崩れないところで火を止める。
5　ソースを作る。別鍋に卵黄と水を入れ、好みに合わせて2のシロップ、グラニュー糖、レモン汁を加えて甘酸っぱくし、ホイッパーでよく混ぜ合わせる（写真3）。ミントの葉を加えて弱火にかけ、絶えずかき混ぜながらじっくりと温める。少しずつとろみがついてくるので、ちょうどよい濃度になったら漉す。
6　少し深めの皿に4のフルーツを敷き、中央にアイスクリームをのせ、全体に5のソース（熱いもの）をかけ、粉糖をふり、バーナーで焼き色をつけて（写真4）ミントを飾る。
＊アイスクリームはバニラでもよい。
＊焼き色はつけなくてもよい。

コース 2

きのことほうれん草のキッシュ

あさり、ムール貝、いか、たこのスープ
　パセリ風味

ポークソテー　アメリカンスタイル
（完熟トマトたっぷりのケチャップソース）

ブランマンジェ　いちごソース

きのことほうれん草のキッシュ

58

1
2
3
4
5
6

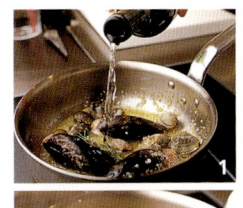

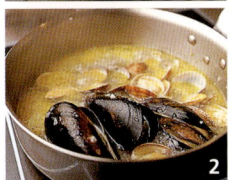

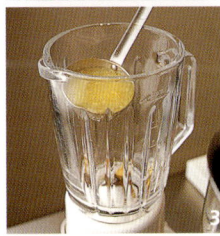

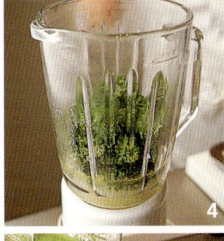

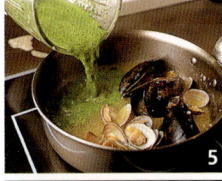

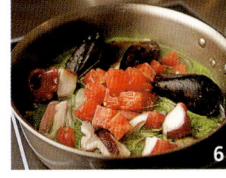

あさり、ムール貝、いか、たこのスープ　パセリ風味

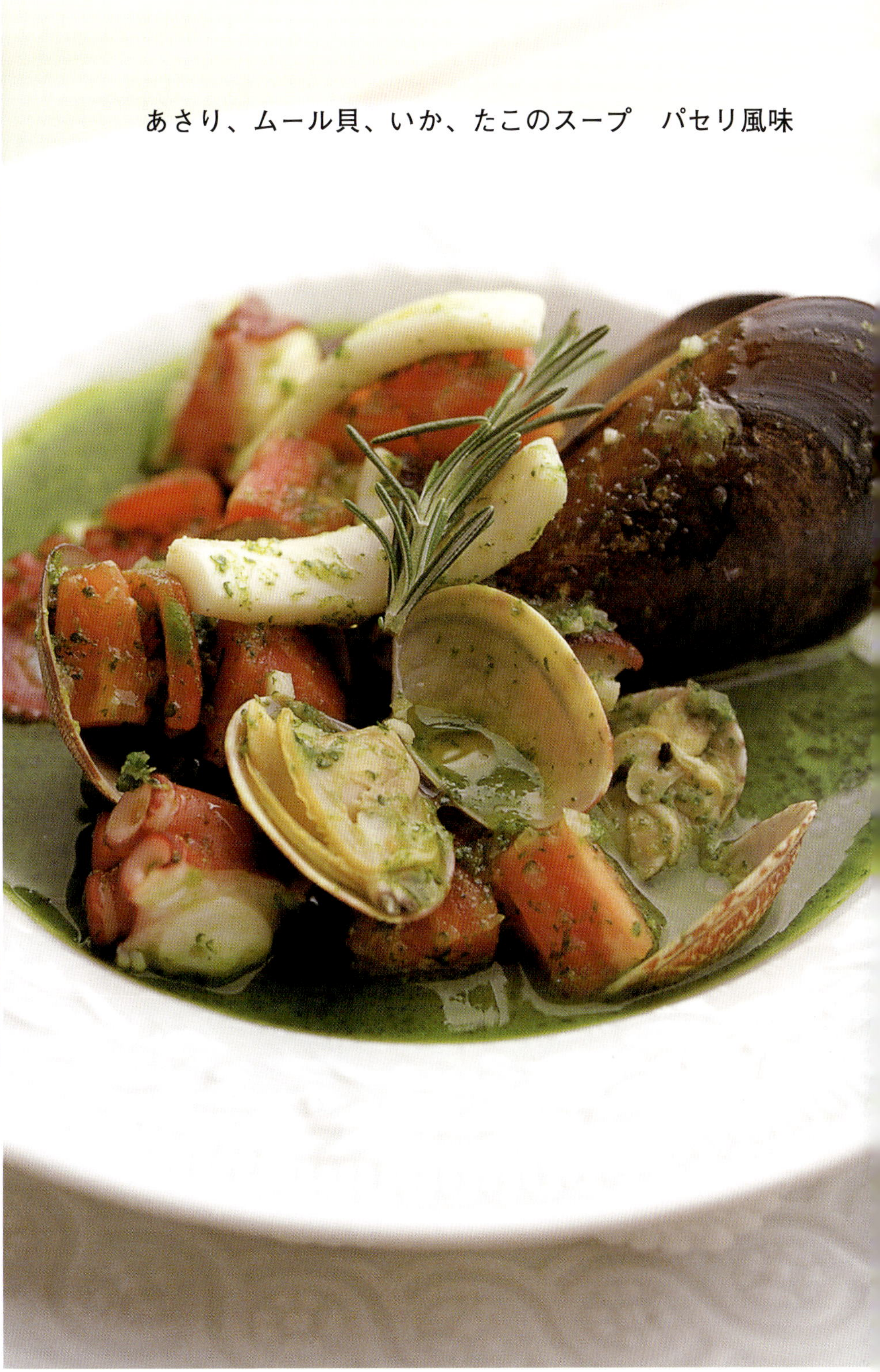

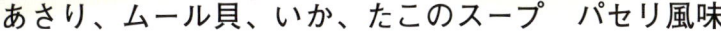

きのことほうれん草のキッシュ

卵や牛乳で作るアパレイユで具を包み込む食べやすいキッシュ。具は他にもいろいろなものでお試しください。

材料（4人分。直径9cm、高さ3cmの
　セルクル型4個分）
ホウレン草（葉のみ）　6杷
シメジ　2パック
シイタケ　8枚
マッシュルーム　8個
無塩バター　60g
塩、コショウ
白ゴマ　少量
パート生地
　小麦粉（薄力粉）　250g
　塩　6g
　グラニュー糖　5g
　無塩バター　90g
　水　80cc
A（アパレイユ）
　卵黄　2個分
　卵　2個
　牛乳　125cc
　生クリーム　125cc
　ナツメグ　1g
　塩　1.5g
　白コショウ　1g
チーズ（すりおろし）　適量

1　パート生地を作る。小麦粉、塩、グラニュー糖を合わせてボウルにふるい入れ、小さく切ったバターを加えて手でよく混ぜてそぼろ状にする。ひとまとめにし、中央をくぼませて水を入れて混ぜ合わせ、全体がまとまったらラップ紙に包み、冷蔵庫で30分ねかせる。

2　1の生地を、打ち粉をした台の上で2〜3mm厚さにのばした後、4等分に切り分ける。

3　2を直径9cm、高さ3cmのセルクル型に敷き、フォークの先で底に穴をあけ、200℃のオーブンでから焼きする。焼き上がったら卵黄（分量外）を薄く塗って冷ましておく。

4　アパレイユを作る。ボウルにAの材料を入れてよく混ぜ合わせ、漉しておく。

5　ホウレン草は葉だけを摘み、塩を加えた湯で軽くゆがき、氷水にとり冷やす。冷めたら水気をよく切っておく。

6　シメジはほぐして2cm長さほどに切り、シイタケは1枚をそれぞれ6等分に、マッシュルームは4等分に切る。

7　鍋に半量のバターを溶かし、少し色づいたところで5のホウレン草を入れてさっと炒め、軽く塩、コショウをして味を調える。

8　別鍋に残りのバターを溶かし、6のキノコを入れて炒める。強火でさっと炒めて軽く塩、コショウをして味を調える。

9　3のパイに8のキノコと7のホウレン草を入れ、白ゴマを散らし、4を流し入れ（写真1、2）、チーズをふり、180℃に温めておいたオーブンに入れて30〜45分焼く。セルクル型をはずして皿に盛る。

あさり、ムール貝、いか、たこのスープ
パセリ風味

パセリはそのままだと食べづらいものですが、こんなふうにスープに
してしまうとおいしく食べられます。

材料（4人分）
アサリ（殻つき）　16個
ムール貝（殻つき）　16個
イカ　100g
タコ（ゆでたもの）　150g
トマト　2個
パセリ　16g
ニンニク（みじん切り）　20g
玉ネギ（みじん切り）　80g
白ワイン　250cc
水　800cc
オリーブ油　適量
ローズマリー　1枝
塩、コショウ

1　イカは皮をむいた後、身を半分に切り、表面に格子目に切り目を
入れた後、1cm幅に切る。タコは頭は1cm幅に切り、足はブツ切りに
する。トマトは皮を湯むきして種を除いた後、1cm角に切る。パセリ
は葉を摘んでおく。

2　鍋に多めのオリーブ油を入れ、ニンニク、玉ネギを順に炒める。

3　2に水気を切ったアサリとムール貝を入れて炒め、ローズマリー
を加える。白ワインを加え（写真1）、ふたをして蒸す。貝の口が開い
たら（写真2）、貝とローズマリーをとり出す。

4　3の鍋を火にかけて沸かし、アクをひき、分量の水を加える。

5　4を適量すくってミキサーに入れ（写真3）、1のパセリを加えてか
くはんし（写真4）、なめらかな緑色のジュース状にする。

6　4の鍋に貝を戻し、5を注ぎ（写真5）、1のイカ、タコ、トマトを
加えてさっと温め（写真6）、塩、コショウで味を調える（貝の塩気が
あるので、塩は控え目に）。

7　少し深さのある器に具をきれいに盛り、スープをかき混ぜながら
すくって注ぎ、オリーブ油を少量たらし、好みでローズマリーを上に
飾る。

ポークソテー　アメリカンスタイル（完熟トマトたっぷりのケチャップソース）

ブランマンジェ　いちごソース

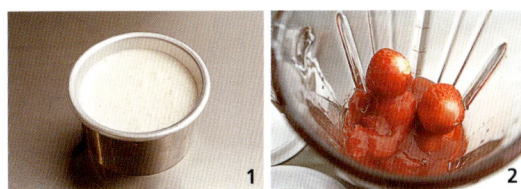

1　　　　　　　　2

ポークソテー　アメリカンスタイル
（完熟トマトたっぷりのケチャップソース）

子どもたちの大好きなケチャップのソース。肉の旨みを加え、マスタードを少しきかせると、味にぐっと深みが出ます。

材料（4人分）
豚ロース肉　400g
小玉ネギ　8個
ジャガイモ（小イモ）　8個
ニンジン　1本
サヤインゲン　24本
リンゴ　1個
トマトケチャップ　300cc
マスタード（ディジョン）　適量（好みで）
塩、コショウ、レモン汁、サラダ油、無塩バター、小麦粉（薄力粉）
　各適量
パセリ（みじん切り）　適量
アサツキ（5cm長さに切る）　20本分

1　豚肉は4枚に切り分け（1枚100g）、厚いようなら少したたいて、筋切りしておく。

2　小玉ネギは皮をむき、塩ゆでにする。ジャガイモは皮つきでゆでてから、皮をむく。ニンジンは皮をむいて乱切りにし、塩ゆでにする。サヤインゲンは塩ゆでして冷水にとって冷やし、水気を切った後2cm長さに切る。リンゴは皮をむき、芯をとり、乱切りにする。変色を防ぐためにレモン汁で和え、さっと塩ゆでする。

3　つけ合わせを作る。鍋にバターを適量溶かし、2の小玉ネギ、ジャガイモを入れて炒め、軽く焼き色をつける。ニンジン、リンゴを入れて炒め合わせ、インゲンも加えてさっと炒める。塩、コショウで味を調え、火からおろして保温しておく。

4　豚肉を焼く。1の豚肉に塩、コショウをし、焼く直前に小麦粉をつけ、余分な粉をはたき落としておく。

5　フライパンにサラダ油、バターを半々に入れて溶かし、4の豚肉を入れる（写真1）。下の面がキツネ色になったら肉を立てて脂身を焼き、さらに裏返して裏面もきれいに焼く（写真2）。

6　肉に火が入ったらとり出し、フライパンに残った油を捨てる。フライパンを火に戻して水を適量加え（写真3）、底の旨みをこそげとる。ケチャップを加え、煮立ってきたらマスタードを加えて香りをつけ（写真4、5）、よく混ぜ合わせて塩、コショウで味を調え、パセリを加えて手早く混ぜ合わせる。

7　皿に6のソースを敷き、豚肉を中央に盛りつける。肉の上やまわりに3のつけ合わせの野菜を盛り、アサツキを散らす。

ブランマンジェ　いちごソース

ソースや飾りつけにちょっと工夫をするだけで、レストラン顔負けの
デザートに。子どもたちも大喜びです。

材料（4人分）
アーモンドスライス　75g
牛乳　250cc
グラニュー糖　70g
板ゼラチン　5g
生クリーム　100cc
バニラビーンズ　1/2本
飾り
| イチゴ（4等分のくし形切り）　2個分
| フランボワーズ　16個
| ブルーベリー　16個
| ミントの葉　4枚
ソース
| イチゴのピューレ（市販）　240cc
| イチゴ（ヘタをとる）　16個
| グラニュー糖　適量

1　アーモンドは軽くローストする。

2　生クリームは七分立てにする。板ゼラチンは氷水につけて戻して
おく。

3　鍋に牛乳を沸かし、バニラビーンズ、**1**のアーモンドを加えて火
からおろし、ラップ紙をかけて3～4分おいて充分に香りをつける。

4　**3**をバーミックスに軽くかけ（ない場合はミキサーに軽くかける）、
アーモンドを軽く砕いて味を出す。漉して汁をボウルに入れ、グラニ
ュー糖、**2**の戻したゼラチン、汁を漉した後のアーモンドの半量を加
えてよく混ぜ合わせる。

5　**4**の温度が高ければ氷水につけて軽く温度を下げてから、**2**の立
てたクリームを3、4回に分けて加え、さっくりと混ぜ合わせ型に入れ、
冷やし固める（写真**1**）。

6　ソースを作る。イチゴのピューレとイチゴを合わせてミキサーに
かけ（写真**2**）、グラニュー糖を適量加える。

7　少し深めの皿に**6**のソースを流し、まわりにイチゴ、フランボワー
ズ、ブルーベリーを飾る。**5**のブランマンジェを型から抜いて中央
に盛り、ミントを飾る。

コース 3

帆立て貝、たら、ポテトのリエット仕立て

野菜たっぷりのミネストローネスープ

サーモンステーキ　香草入り
　オリーブ油とレモンのソース

色とりどりのフルーツいっぱい
　バニラアイスクリーム添え

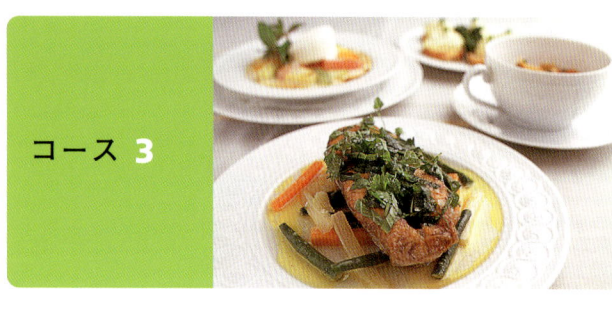

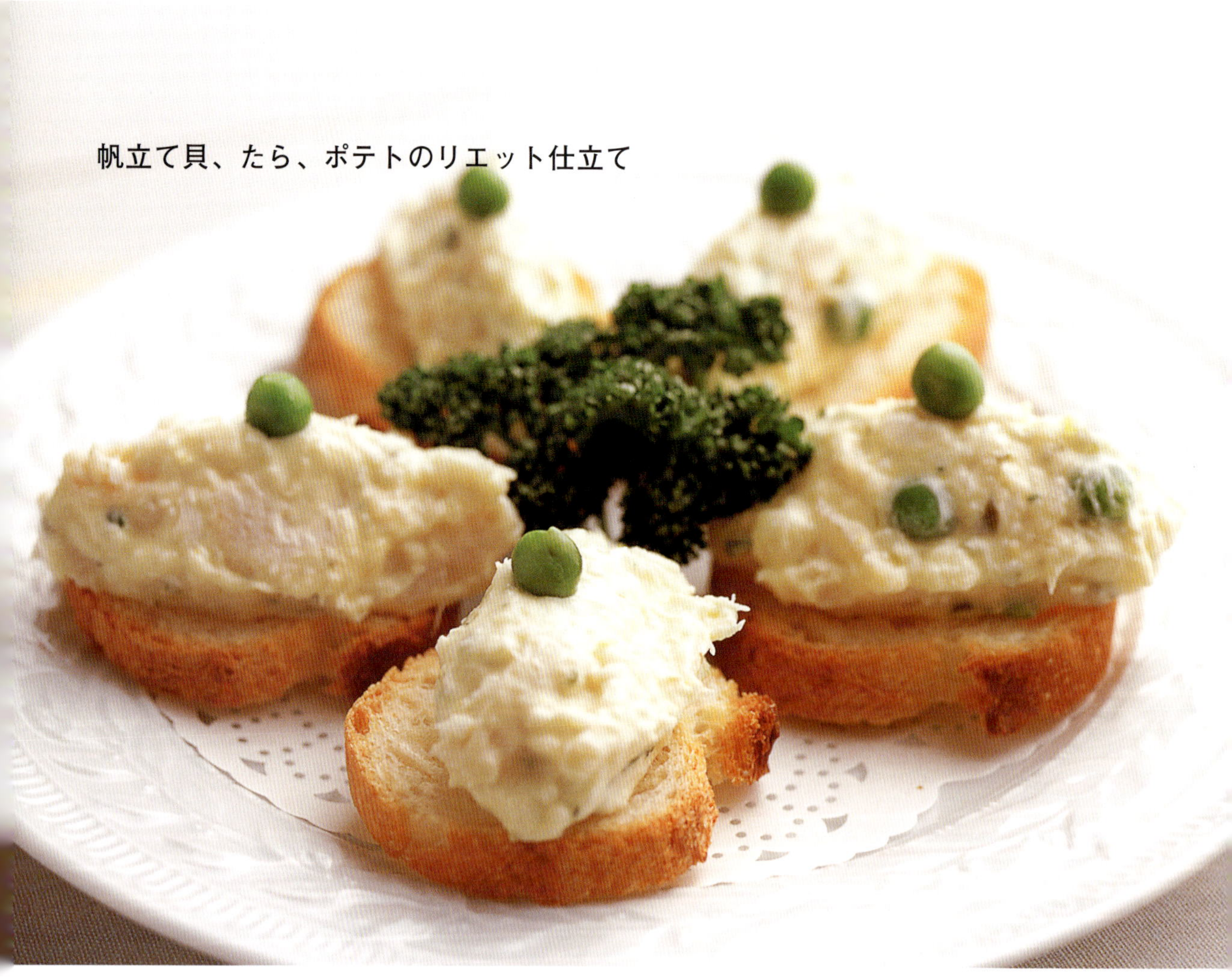

帆立て貝、たら、ポテトのリエット仕立て

野菜たっぷりのミネストローネスープ

帆立て貝、たら、ポテトのリエット仕立て

マヨネーズ風味のポテトサラダは、どこのご家庭でもよくお作りになるでしょう。それをちょっとグレードアップ。

材料（4人分）
ホタテ貝柱　200g
タラ（切り身）　120g
ジャガイモ　120g
グリーンピース（水煮）　60粒
水、白ワイン　各適量
塩、コショウ、レモン汁　各適量
バゲット（5〜7mm厚さの薄切り）　20枚
飾り
　グリーンピース（水煮）　20粒
　パセリ（適当な房に摘んだもの）　4個
タルタルソース
　マヨネーズ　200cc
　ゆで卵（固ゆで）　3個
　玉ネギ　1/4個
　コルニッション（みじん切り）　2本分
　ケッパー（みじん切り）　10g
　パセリ（みじん切り）　5g

1　鍋に適量の水、白ワイン、塩を入れて沸騰させ、ここにホタテ貝柱、タラを入れて静かに火を入れる（強火で煮ると身がばさばさになるため、湯面が静かに沸騰している状態で）。火が入ったらとり出して冷やし、それぞれ繊維にそってほぐしておく（写真1）。
2　ジャガイモは皮ごとゆで、火が入ったら皮をむき、裏漉して冷ましておく。
3　バゲットはトーストしておく。
4　タルタルソースを作る。ゆで卵は黄身、白身ともそれぞれ裏漉しておく。玉ネギはみじん切りにした後、塩もみしておく。すべての材料を混ぜ合わせ（写真2）塩、コショウで味を調える。
5　ボウルに**1**のホタテとタラ、**2**のジャガイモ、グリーンピースを入れ、**4**のタルタルソースを加えて混ぜ合わせ（写真3）、塩、コショウ、レモン汁で味を調える。
6　**5**を2本のスプーンを使ってクネル状に形を整え（写真4）、**3**のバゲットにのせる。レースペーパーを敷いた皿に盛り、飾りのグリーンピースを1つずつ中央にのせ、パセリを飾る。

野菜たっぷりのミネストローネスープ

このスープもブイヨンは使わずに、野菜や貝、ベーコンの旨みをじょうずに生かします。煮込むときに加える水があまり多すぎると、煮詰めがうまくできません。野菜にちょうどよく火が入ったときにきちんと煮詰まる水加減にするのがポイント。

材料（4人分）
玉ネギ　40g
ジャガイモ　120g
セロリ　50g
ニンジン　80g
トマト（皮を湯むきし、種を除いたもの）　120g
キャベツ　40g
ベーコン　40g
鶏モモ肉　80g
アサリ（殻つき）　28個
ニンニク（みじん切り）　10g
アサツキ（小口切り）　2本分
パスタ（ファルファッレ・ちょうちょう形）　16個
トマトジュース　600cc
塩、コショウ、白ワイン、オリーブ油

1　パスタはゆでておく。

2　玉ネギ、ジャガイモ、セロリ、ニンジン、ベーコンは小さめのひし形に切る。トマトは1cm角に切る。キャベツはさっと塩ゆでし、冷水にとり冷やした後、ひし形に切る。鶏モモ肉は小さな角切りにする。

3　アサリは白ワインで蒸し、火が入ったら殻をはずす。蒸し汁は漉してとっておく。

4　鍋にオリーブ油を適量熱し、ニンニクを入れて炒める。2の鶏モモ肉を入れて焼き色をつけ、さらに2のベーコンを加えて炒める。

5　4に2のジャガイモ、ニンジン、玉ネギ、セロリを順に加えて炒める。よく炒めて、鍋に薄く焦げ目ができてきたら（写真1）、水100ccを加えて焦げ目をこそげとり（写真2）塩、コショウをして煮詰めていく（写真3）。

6　水分がほぼなくなるまで煮詰めたら、トマトジュースを加え（写真4）、味をみながら3の蒸し汁を加える。

7　沸騰したらアクをひき、3のアサリのむき身、2のトマトを加え（写真5）塩、コショウで味を調える。最後に1のパスタと2のキャベツを加えてさっと温める。

8　深みのある器に具を盛り、スープを注ぐ。アサツキを散らし、オリーブ油を適量まわしかける。

サーモンステーキ　香草入りオリーブ油とレモンのソース

色とりどりのフルーツいっぱい　バニラアイスのソース添え

1

2

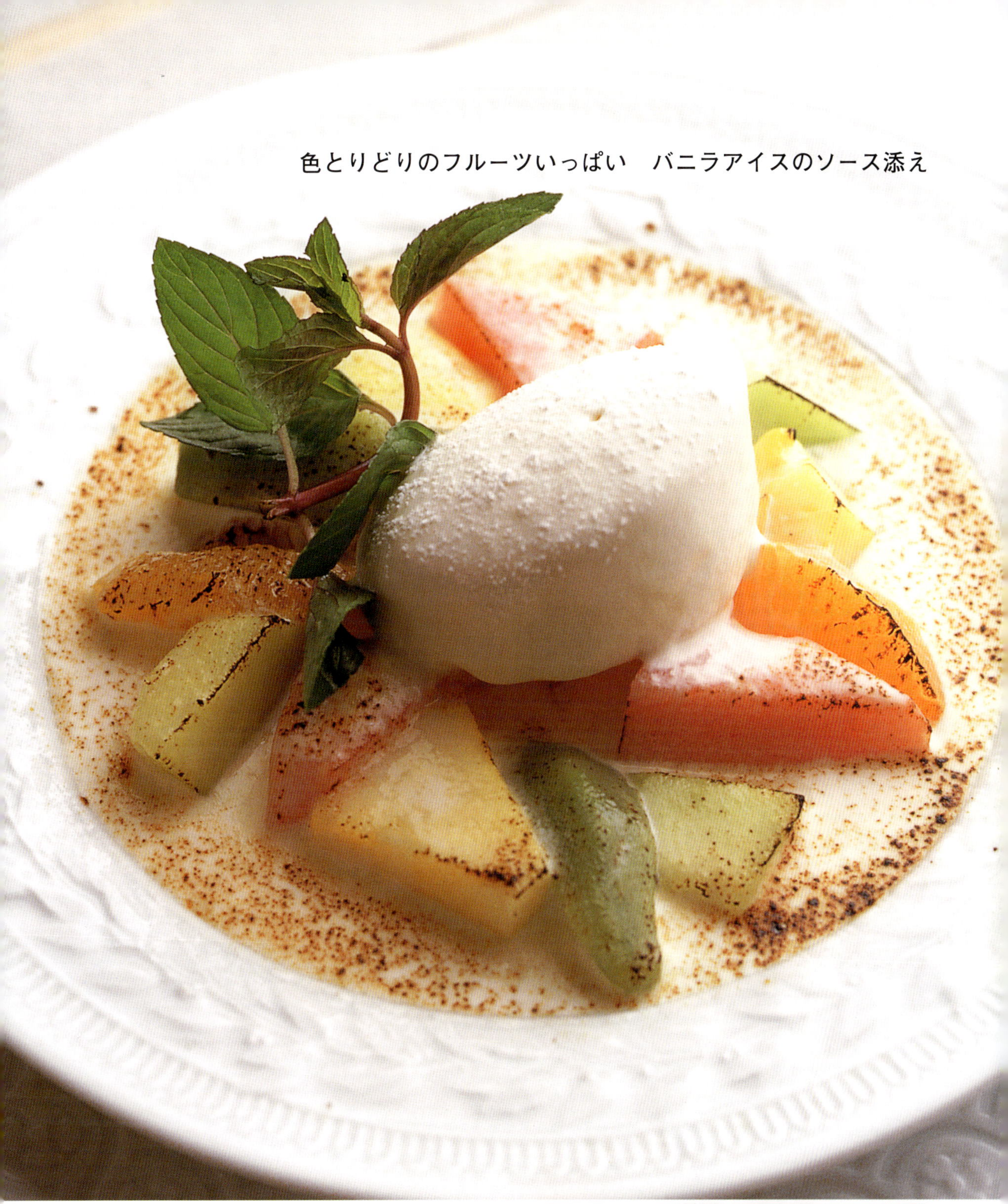

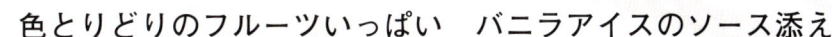

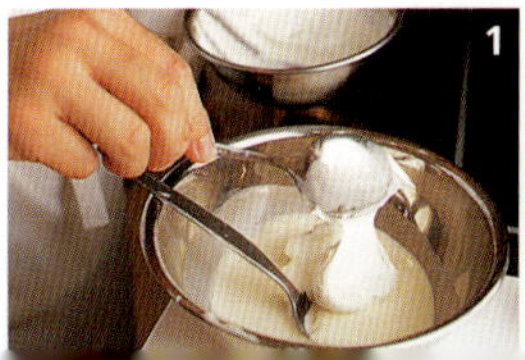

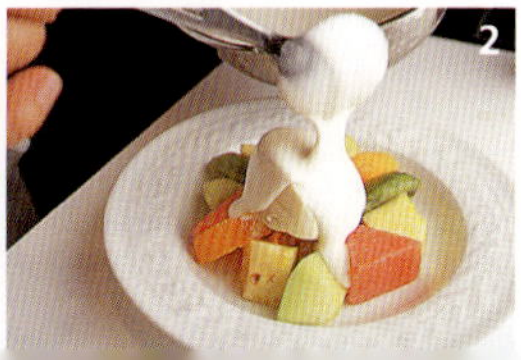

サーモンステーキ
香草入りオリーブ油とレモンのソース

野菜をたっぷり添えれば見た目も美しく、栄養のバランスもよくなります。

材料（4人分）
生鮭　1kg（内臓を除くと800g）
塩、コショウ、小麦粉（薄力粉）、オリーブ油、無塩バター
つけ合わせ
　セロリ（8cm長さの棒状）　20本
　ジャガイモ（8cm長さの棒状）　20本
　ニンジン（8cm長さの棒状）　20本
　サヤインゲン　48本
ビネグレットソース
　オリーブ油　150cc
　レモン汁　50cc
　玉ネギ（みじん切り）　30g
　コリアンダー（粒をつぶしたもの）　適量
　塩、コショウ
香草サラダ
　セルフィーユ（摘んだ葉）　適量
　イタリアンパセリ（摘んだ葉）　適量
　大葉（3mm幅のせん切り）　適量
　クレソン（摘んだ葉）　適量
　シブレット（3cm長さに切る）　適量
　香菜（摘んだ葉）　適量
　カイワレ大根（茎）　適量

1　鮭は内臓がついていれば除き、1切れ200gの筒切りにする。
2　つけ合わせのセロリ、ジャガイモ、ニンジンはそれぞれ塩ゆでする。サヤインゲンも塩ゆでし、冷水にとった後8cm長さに切る。
3　ビネグレットソースを作る。ボウルにオリーブ油、レモン汁、玉ネギ、コリアンダーを入れて混ぜ合わせ塩、コショウで味を調える。
4　1の鮭に塩、コショウをし、小麦粉をつけて余分な粉をよくはたき落とす。
5　テフロン加工のフライパンにやや多めのオリーブ油を熱し、バターを適量加え、4の鮭を入れて焼く。下の面がキツネ色になったら鮭を立てて皮の部分も焼き、さらに裏返して裏面も焼く（途中でバターを足しながら）。色がつきはじめたら火を弱め、スプーンでフライパンの中の油をかけながらじっくりと火を通す（写真1）。
6　鍋にオリーブ油を適量入れ、2の野菜を入れてさっと温め塩、コショウで味を調える。
7　皿に6の野菜を盛り、5の鮭の油をよく切ってのせ、合わせた香草サラダをのせ、3のビネグレットソースを全体にかける。

色とりどりのフルーツいっぱい
バニラアイスのソース添え

フルーツは手に入るものでかまいませんが、いろいろな色をとり合わせたほうが、美しく見るからにおいしそうです。

材料（4人分）
メロン　1切れ10g×8個
パイナップル　1切れ15g×8個
スイカ　1切れ10g×8個
キーウィフルーツ　1切れ5g×8個
オレンジ　1切れ5g×8個
グレープフルーツ　1切れ10g×8個
ソース
　バニラアイスクリーム　400g
　生クリーム　100g
バニラアイスクリーム（冷やしておく）　適量
粉糖　適量
ミント（摘んだ葉）　4個

1　フルーツは皮をむき、それぞれ上記のような大きさに、適当に切り分ける。
2　ソースを作る。バニラアイスクリームを常温でポマード状にする。生クリームを七分立てにする。アイスクリームに生クリームを2、3回に分けて加えながら、さっくりと混ぜ合わせる（写真**1**）。
3　少し深みのある器に**1**のフルーツを散らして盛り、中央に冷やしておいたバニラアイスクリームをすくっておき、**2**のソースをかける（写真**2**）。粉糖をふりかけ、バーナーで焼き色をつけ、ミントを飾る。

コース 4	きのこと野菜のマリネ
	コーンポタージュ
	じゃがいものニョッキ添え
	たら、帆立て貝、小えびのグラタン
	カレー風味
	チョコレートムース

きのこと野菜のマリネ

コーンポタージュ　じゃがいものニョッキ添え

きのこと野菜のマリネ

サラダ感覚で食べられるマリネ。前日に作っておけばすぐに食べられます。

材料（4人分）
シイタケ　4枚
シメジ　2パック
エリンギタケ　4本
マッシュルーム　12個
サヤインゲン（8cm長さに切ったもの）　16本
セロリ（8cm長さの棒状）　16本
ニンジン（8cm長さの棒状）　16本
ジャガイモ（8cm長さの棒状）　16本
塩
飾り
┃ サニーレタス（小さくちぎる）　適量
漬け汁
┃ 赤トウガラシ（種を抜き、輪切りにする）　1/4本分
┃ ニンニク（縦半分に切る）　1/4カケ
┃ オリーブ油　200cc
┃ セロリ（みじん切り）　1/8本分
┃ 玉ネギ（みじん切り）　1/8個分
┃ トマト（小角切り）　1/4個分
┃ 白ワイン　200cc
┃ 野菜のブイヨン　400cc
┃ コリアンダー（粒をつぶしたもの）　適量
┃ タイム　適量
┃ エストラゴン　適量
┃ バジル　適量
┃ ローリエ　1枚
┃ 塩　適量

1　キノコはそれぞれそうじし、シイタケは半分に切り、シメジはほぐし、エリンギタケは縦6等分に切る。すべてのキノコを塩ゆでし、冷水で冷やす。よく冷えたら水気を切っておく。
2　サヤインゲン、セロリ、ニンジン、ジャガイモは塩ゆでし、冷水で冷やす。よく冷えたら水気を切っておく。
3　漬け汁を作る。鍋にニンニク、赤トウガラシ、オリーブ油を入れて軽く沸かし、香りをつけてから漉す。
4　3の油を鍋に入れ、セロリ、玉ネギ、トマトの順に炒める。
5　4に白ワインを加えて沸騰させ、アクを引きながら半分になるまで煮詰める。煮詰まったら野菜のブイヨンを加えて沸かす。塩で味を調え、コリアンダー、タイム、エストラゴン、バジル、ローリエを加え火からおろし、冷ましながら香りをつける。
6　ボウルに1、2の材料を入れ、5の漬け汁を加えてマリネする（写真1）。
7　皿に6の野菜とキノコを彩りよくこんもりと盛り、漬け汁を適量かけ、まわりにサニーレタスをあしらう。
＊漬けてすぐにも食べられるが、冷蔵庫に入れておき、翌日食べてもおいしい。

コーンポタージュ
じゃがいものニョッキ添え

コーンスープにニョッキを加えるだけで、新しいスープ
のでき上がり。

材料(4人分)
ホールコーン(缶詰) 1缶
牛乳 600cc
生クリーム 200cc
ニンニク(みじん切り) 5g
玉ネギ(みじん切り) 1/4個分
無塩バター 50g
塩、コショウ
ニョッキ
  ジャガイモ 500g
  卵 2個
  小麦粉(強力粉) 100g
  チーズ(おろしたもの) 50g
  塩 7.5g
  ナツメグ 適量
飾り
  シブレット(2cm長さに切る) 適量

1 ニョッキを作る。ジャガイモはゆでて皮をむき、裏
漉して冷ましておく。ボウルに卵以外の材料を入れて混
ぜ合わせる。そこに溶いた卵を2、3回に分けて入れ、手
早く混ぜる。

2 鍋に湯を沸かして塩を加え、**1**を1個10gくらいの球
状に丸めて入れてゆでる(写真**1**)。浮いてきたら冷水に
とり冷ます。よく冷えたら水気を切っておく。

3 鍋にバターを溶かし、ニンニク、玉ネギを入れ、色
をつけないようによく炒める(写真**2**)。

4 **3**にコーンをジュース(缶詰の汁)適量とともに加
え少し煮る(写真**3**)。牛乳と生クリームを加えて沸かし
(写真**4**)、アクをひきながら味が出るまで煮込み、火か
らおろす。

5 **4**の粗熱がとれたらミキサーにかけ、シノア(漉し器)
で漉し、再び鍋に戻して火にかけ、塩、コショウで味を
調える。**2**のニョッキを入れてさっと温める。器に入れ、
シブレットを散らす。

たら、帆立て貝、小えびのグラタン　カレー風味

チョコレートムース

たら、帆立て貝、小えびのグラタン カレー風味

グラタンといっても表面に軽く焼き色をつけるだけ。魚介と野菜をバランスよく組み合わせて、バターライスを添えました。

材料（4人分）
タラ（1切れ15gの角切り） 240g分
ホタテ貝柱 8個
小エビ 24尾
小麦粉（薄力粉）、オリーブ油、無塩バター 各適量
ニンニク（みじん切り） 20g
玉ネギ（みじん切り） 1/2個分
カレー粉 60g
白ワイン 80cc
生クリーム 600cc
バターライス（バターを加えて炊いたご飯） 70g
塩、コショウ、グラニュー糖、白ワインビネガー
つけ合わせ
|　玉ネギ（2cm角の薄切り） 16枚
|　ニンジン（2cm角の薄切り） 16枚
|　リンゴ（2cm角の薄切り） 16枚
|　レモン汁
生クリーム（完全に立てたもの） 適量
チーズ（おろしたもの） 適量
パセリ（みじん切り） 適量

1　つけ合わせの玉ネギ、ニンジンは塩ゆでし、冷水にとって水気を切る。リンゴはレモン汁で和えた後塩ゆでし、冷水で冷やして水気を切る。

2　タラ、ホタテ貝柱、小エビに塩、コショウし、小麦粉をつけ余分な粉をはたき落とす。

3　鍋に適量のオリーブ油とバターを半々に溶かし、**2**のタラ、ホタテ貝柱を入れて焼き、焼き色がついたらとり出す。エビも入れて焼き、焼けたらとり出す。すべて油を切っておく（写真**1**）。

4　油を切った**3**の鍋に新たに適量のオリーブ油を入れ、ニンニク、玉ネギを入れて炒める。よく炒めたらカレー粉を加えて火を弱め、さらによく炒める。

5　カレー粉に火が入ったら白ワインを加え（写真**2**）、水分がなくなるまで煮詰める。充分に煮詰めたら生クリームを加えて沸かし、ホイッパーなどで絶えずかき混ぜ、アクをひきながら濃度が出るまで煮詰める（写真**3**）。

6　ちょうどよい濃度になったら**3**の魚介類と**1**のリンゴ、玉ネギ、ニンジンを入れて温め（写真**4**）、塩、コショウ、グラニュー糖、白ワインビネガーで味を調える。

7　少し深さのある器にバターライスを敷き、**6**の具を上にのせる。鍋に残ったソースに立てた生クリームを合わせてさっくりと混ぜ、上からかける（写真**5**、**6**）。チーズをふり、バーナーで焼き色をつけ、パセリをふる。

＊カレー粉は比較的しっかりきかせているので、辛いのが苦手であれば少し控えるとよい。

チョコレートムース

温度や混ぜ方によって微妙に差が出るチョコレートムース。つややかにおいしく仕上げましょう。

材料(4人分)
チョコレート(セミスウィート)　250g
牛乳　100cc
グラニュー糖　25g
生クリーム(七分立てにする)　225cc
アングレーズソース
  牛乳　500cc
  卵黄　5個分
  バニラビーンズ　1/2本
  グラニュー糖　100g
フランボワーズソース
  フランボワーズピューレ　50g
  グラニュー糖　10g
飾り
  ミントの葉(摘んだ葉)　4片

1　チョコレートムースを作る。チョコレートを削ってボウルに入れ、湯煎で溶かす。
2　鍋に牛乳とグラニュー糖を合わせて沸かす。
3　**1**に**2**を2、3回に分けて加えながら、ホイッパーでよく混ぜ合わせる(写真**1**)。
4　**3**に七分立てにした生クリームを加え、ゴムベラでさっくりと混ぜ合わせる(写真**2**)。型に流し入れ(写真**3**)、冷蔵庫で冷やし固める。
5　簡単なアングレーズソースを作る。すべての材料を鍋に入れ、ホイッパーでよくときほぐす。よく混ぜ合わせたら弱火にかけ、絶えずかき混ぜながらじっくり火を入れる。ちょうどよい濃度になったら漉して冷やす。
6　フランボワーズピューレにグラニュー糖を加えてよく混ぜ合わせ、フランボワーズソースを作る。
7　皿の全面に**5**のアングレーズソースを敷き、まわりにフランボワーズソースをてんてんと絞り、竹串をひいてハート型にする。**4**のチョコレートムースをスプーンですくって中央にのせ、ミントを飾る。

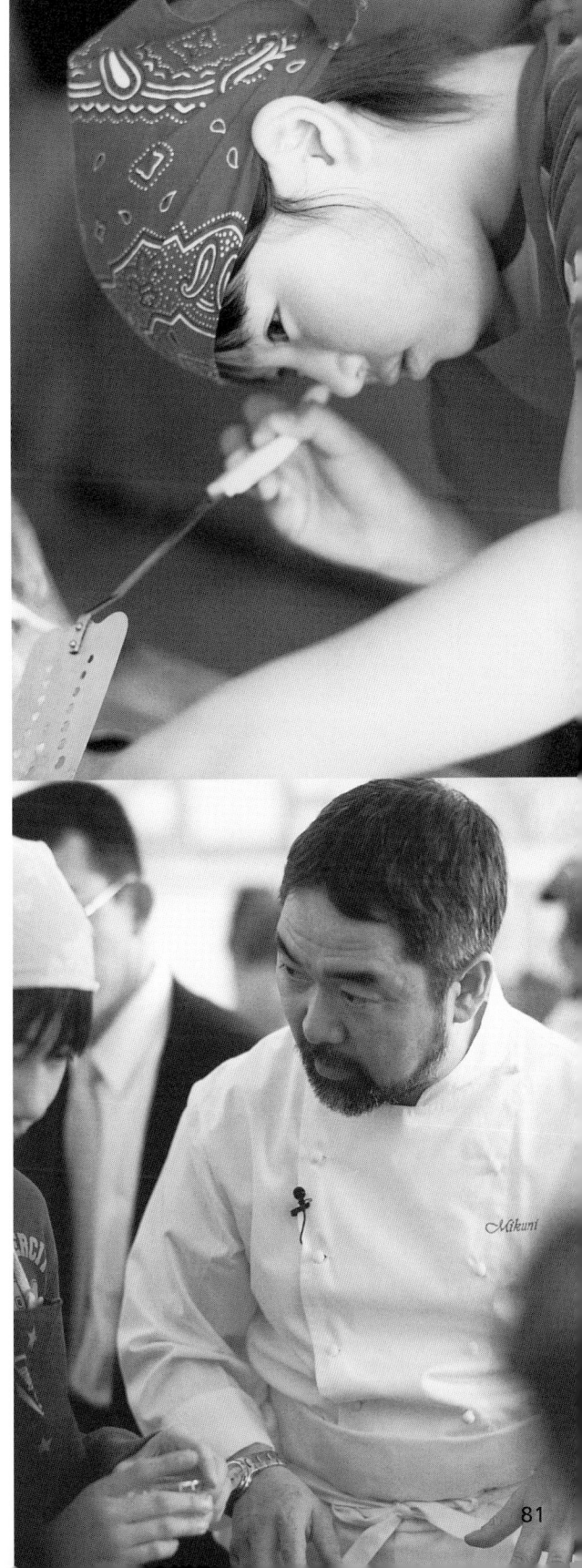

● 音羽和紀

子どもの心とからだに栄養を
野菜たっぷり料理　手作りおやつ

これからの子どもたちの「食」を考える上で忘れてはいけないのが、「味覚」の問題です。核家族が増え、共働きが増え、外食、中食産業に頼る機会も増えているようです。それにともない使用されている農薬、保存料、添加物の問題もクローズアップされています。味覚は8〜9歳ごろまでに形成されるので、それまでの食経験が、その後の食生活の嗜好を左右することになります。味覚形成期の食事の中に、保存料など添加物を含む食品が多いと人工的なその味に慣れ、そういう味を好み、選択するようになってしまうのです。本来健康なからだが欲する食べ物とは、そういうものではないはずです。

旬の作物を新鮮なまま食べるほうが、見た目にもおいしそうだし栄養価も高く、心にもからだにもいいことだと思います。"おいしさ"を小さいころから経験させ、からだによいものを自分で選択できる力を身につけさせることが大切なのです。

旬のある素材の代表は、野菜です。私は子どものころから野菜好きでした。さまざまな味、香り、食感に魅了され、自分で料理をするようになり、ますますその魅力にひきつけられ

ています。子どもたちの中には野菜が嫌いな子、あるいは食事の際に食べる野菜の量が極端に少ない子どもたちもいるようで、残念に思います。まずはご家庭でおいしい野菜をたっぷり使った料理を食卓に多く登場させてあげてほしいと思います。

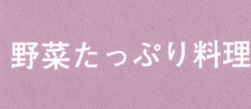

野菜たっぷり料理

いつものメニューに旬の野菜をとり入れるだけで、栄養バランスや見た目がよくなるだけでなく、季節を感じる心を育てます。

野菜のグラタン

83

野菜のグラタン

グラタンはめんどう、と思っていませんか？これは特別なソースも必要なく、生クリームとチーズを利用しますからとても簡単です。オーブンで焼いた野菜はほんとうにおいしい。

材料（4人分）
カリフラワー　80g
ブロッコリー　60g
ニンジン　40g
グリーンアスパラガス　3本
玉ネギ　1/4個（60g）
サヤインゲン　40g
ジャガイモ（蒸したもの）　250g
生クリーム　90cc
ニンニク（みじん切り）　少量
チーズ（料理用シュレッド）　70g
無塩バター　適量
塩、コショウ

1　カリフラワーとブロッコリーは小房に分ける。ニンジンは皮をむき、5cm長さに切った後、縦に薄切りにする。グリーンアスパラガスは3cmの斜め切りにする。玉ネギは2cm幅のくし形切りにし、サヤインゲンは端を切り落とす。それぞれ別々に塩ゆでしておく。蒸したジャガイモは1cm厚さの輪切りにする。
2　グラタン皿にバターを塗り、**1**のジャガイモを敷き詰め、上に他の野菜をきれいに盛る（写真**1**）。
3　生クリームにニンニクを加え塩、コショウで味を調え、**2**の上からまわしかける。チーズを散らし（写真**2**）、200℃のオーブンに入れて焼き色がつくまで焼く（5分ぐらい）。

いろいろ野菜のペペロンチーノ

カラフルな野菜をいろいろとり混ぜて、子どもたちの好きなスパゲッティに加えました。生野菜のサラダを添えるより、野菜がたっぷり食べられます。

材料（4人分）
スパゲッティ（太さ1.4mm）　200g
A
  カリフラワー（小房に分ける）　50g
  ブロッコリー（小房に分ける）　25g
  赤ピーマン（5mm幅の細切り）　25g
  ニンジン（5cmに切った後、縦2mm厚さに切る）
    25g
  グリーンアスパラガス（5cm長さに切る）　30g
  玉ネギ（1cm厚さのくし形切り）　30g
  ウド（5cm長さ、5mm厚さの斜め切り）　30g
  シメジ（ほぐす）　30g
プチトマト（へたをとる）　4個
春菊（5cm長さに切る）　30g
ベーコン（5mm幅に切る）　50g
ニンニク（みじん切り）　1カケ分
赤トウガラシ　1本
オリーブ油　大さじ2〜3
塩、コショウ

1　大きめの鍋に湯を沸騰させ、3%の塩を加え、スパゲッティをゆではじめる。
2　別鍋にオリーブ油、赤トウガラシ、ベーコン、ニンニクを入れて弱火にかける。ニンニクが色づいてきたらプチトマトを入れ（写真**1**）、**1**のゆで汁を180cc加えて火を止める。
3　**1**のスパゲッティを4〜5分ゆでたところで**A**の材料を加え、一緒にゆでる（写真**2**）。
4　スパゲッティがゆで上がる時間になったら**3**をザルに上げて湯を切り、**2**の鍋に入れて火にかけ（写真**3**）、春菊を加える。全体がなじんだら塩、コショウで味を調え、器に盛る。

いろいろ野菜のペペロンチーノ

きゅうり、じゃがいも、りんごのサラダ

帆立て貝、たら、
ほうれん草、卵のラザニア

サーモンとマッシュルームのラザニア

きゅうり、じゃがいも、りんごのサラダ

マヨネーズベースのソースで和えた食べやすいサラダ。食卓に野菜が足りないと感じたら、さっと作って添えたい一皿。

材料（4人分）
ジャガイモ　160g
キュウリ　60g
リンゴ　50g
ハム（1cm角切り）　20g
玉ネギ（粗みじん切り）　15g
ホールコーン（缶詰）　100g
マヨネーズ　50g
フレンチドレッシング（右記参照）　25cc
塩、コショウ

1　ジャガイモはゆでて皮をむき、3cm角に切る。キュウリは3cm角に切り、軽く塩でもむ。リンゴは3cm角に切り、塩水にさらす。
2　マヨネーズとフレンチドレッシングを混ぜ合わせる。濃度を調整するときは、水を少量加える。
3　ボウルに**1**の材料とハム、玉ネギ、水気を切ったホールコーンを入れ、**2**を加えて混ぜ合わせ、塩、コショウで味を調える。

フレンチドレッシング

材料
サラダ油　200cc
玉ネギ（すりおろし）　30g
ニンニク（すりおろし）　少量
マスタード粉　小さじ山盛り1
酢（好みのもの）　60cc
塩、コショウ　各少量

ボウルに玉ネギ、ニンニク、マスタード粉、酢、塩、コショウを入れ、ホイッパーでよく混ぜ合わせる。ボウルの端からサラダ油を少しずつ加えながら、全体をよく混ぜ合わせ、塩、コショウで味を調える。

帆立て貝、たら、ほうれん草、卵のラザニア

市販のラザニアを利用すれば、いろいろなラザニア料理が楽しめます。具はお好みのものでけっこうですが、少しでも野菜を加えてみましょう。

材料（4人分）
ラザニア（乾燥）　3枚
ホウレン草　1/3杷
無塩バター　5g
ニンニク　1/2カケ
ゆで卵（輪切り）　1個分
タラ（甘塩切り身）　90g
ホタテ貝柱　4個（110g）
生クリーム　60cc
ベシャメルソース（p.99参照）　150cc
チーズ（料理用シュレッド）　50g
塩、コショウ

1　ラザニアはたっぷりの水に10分ほど浸しておく。
2　ホウレン草は水洗いし、葉のそうじをする。鍋にバターを入れて火にかけ、少し色づいたところでホウレン草を入れる。ニンニクをフォークの先に刺して、切り口をこすりつけるように混ぜながら炒め（写真1）、塩、コショウをする。
3　タラは皮を除き、1cm幅の拍子木切りにする。ホタテ貝柱はそれぞれ6等分ほどに切る。
4　鍋に3を入れ、生クリーム、ベシャメルソースを加えて軽く温める（写真2）。
5　グラタン皿にバター（分量外）を塗り、4のソースだけを薄く敷き、水気をとった1のラザニアを1枚敷く。4の具とソースの1/2量、ゆで卵の1/2量、2のホウレン草の1/2量をのせ（写真3）、ラザニアを1枚のせる。再び残りの具とソース、ゆで卵、ホウレン草、ラザニアと重ね、上にチーズをのせる（写真4）。
6　5を180℃のオーブンに入れ、焼き色がつくまで焼く（8分ほど）。

サーモンとマッシュルームのラザニア

覚えておくと便利な簡単ソース、ベシャメルソースとトマトソースを利用します。ソースの作り方はp.99を参照してください。

材料（4人分）
ラザニア（乾燥）　3枚
玉ネギ　40g
マッシュルーム　100g
生鮭　200g
トマト　1個
無塩バター　20g
ベシャメルソース（p.99参照）　90g
トマトソース（p.99参照）　60g
チーズ（料理用シュレッド）　50g
塩、コショウ

1　ラザニアはたっぷりの水に10分ほど浸しておく。
2　玉ネギは薄切りに、マッシュルームは、縦に3mm厚さの薄切りにする。鮭は皮を除き、小さめに切る。トマトは5mm厚さの輪切りにする。
3　鍋にバターを入れて火にかけ、2の玉ネギとマッシュルームを入れて炒める。しんなりとしてきたら鮭を加え（写真1）、少し焼き色がついたら塩、コショウをする。
4　グラタン皿にバター（分量外）を塗り、ベシャメルソース30gを敷き、水気をとった1のラザニアを1枚敷く。ベシャメルソース30g、3の具の1/2量、トマトソースの1/2量をのせ（写真2）、ラザニアを1枚のせる。再び残りのベシャメルソース、3の具、トマトソース、ラザニアと重ね、上に2のトマトをのせ、チーズを散らす（写真3）。
5　4を180℃のオーブンに入れ、焼き色がつくまで焼く（8分ほど）。

にんじんと小えびのドリア

野菜のリゾット

ツナとほうれん草のトマトリゾット

にんじんと小えびのドリア

ほんのり甘いにんじんとえびはとても相性のいい組み合わせです。

材料（4人分）
ニンジンのグラッセ
| ニンジン（1cm角切り） 60g
| 無塩バター 5〜6g
| 塩 少量
| 砂糖 10g
| 水 100cc
玉ネギ（みじん切り） 30g
小エビ（殻をむき、2cm長さに切る） 8尾
無塩バター 15g
トマトピューレ 35g
ベシャメルソース（p.99参照） 100g
生クリーム 40g
ご飯 360g
チーズ（料理用シュレッド） 40g
塩、コショウ、レモン汁

1　ニンジンのグラッセを作る。ニンジンを鍋に入れ、水、バター、塩、砂糖を加えて中火にかける（写真1）。調味料が溶けて全体にまわったら、中央に1ヵ所穴を開けたアルミ箔をかぶせ（写真2）、ほとんど水気がなくなるまで煮詰める（写真3）。

2　別鍋にバターを入れて火にかけ、玉ネギを炒める。しんなりしたらエビを入れて合わせ、トマトピューレを加えて（写真4）少し煮詰める。

3　2にベシャメルソース、生クリーム、1のニンジンのグラッセを加え（写真5）、塩、コショウ、レモン汁で味を調える。

4　グラタン皿にご飯を入れ、上に3をかけ（写真6）、チーズを散らして200℃のオーブンに入れ、焼き色がつくまで焼く（5分ほど）。

野菜のリゾット

ご飯を利用して作る簡単リゾット。細かく切った野菜を混ぜ込み、一緒に食べられるようにしています。

材料（4人分）
鶏挽き肉 100g
玉ネギ（1cm角切り） 40g
セロリ（1cm角切り） 20g
ニンジン（1cm角切り） 50g
シメジ（ほぐす） 20g
シイタケ（1cm角切り） 30g
ナス（1cm角切り） 40g
ズッキーニ（1cm角切り） 30g
グリーンアスパラガス（ゆでて1cm長さに切る） 30g
ブロッコリー（小房に分けてゆで、小さく切る） 30g
サヤインゲン（ゆでて1cm長さに切る） 30g
ご飯 400g
無塩バター 20g
ニンニク（みじん切り） 少量
ブイヨン 100cc
生クリーム 100cc
パルミジャーノ・レッジャーノ・チーズ
　（すりおろしたもの） 20g
塩、コショウ、レモン汁

1　鍋にバター、ニンニクを入れて弱火で少し炒めた後、鶏挽き肉を加えて炒める。

2　1に玉ネギ、セロリ、ニンジンを入れて炒め、さらにシメジ、シイタケ、ナス、ズッキーニを加えて軽く炒めたら（写真1）、ブイヨンを加える。

3　2に生クリームを加え（写真2）、アスパラガス、ブロッコリー、サヤインゲン、ご飯を入れて混ぜ合わせ（写真3）、軽く煮詰める。

4　チーズを加えて混ぜ合わせ（写真4）、塩、コショウ、レモン汁で味を調える。

ツナとほうれん草のトマトリゾット

こちらはトマト風味のリゾット。ここでもトマトソースが活躍します。

材料（4人分）
ホウレン草　1/2杷
ニンニク（みじん切り）　少量
玉ネギ（細切り）　50〜60g
無塩バター　20g
ブイヨン　120cc
トマトソース（p.99参照）　200g
ツナ（油漬け缶詰）　80g
ご飯　400g
パルミジャーノ・レッジャーノ・チーズ
　（すりおろしたもの）20g
塩、コショウ、レモン汁

1　ホウレン草はさっとゆで、粗みじんに切っておく。

2　鍋にバターを入れて火にかけ、ニンニクと玉ネギを入れてしんなりするまで炒める。

3　2にブイヨン、トマトソース、ツナを加え（写真1）、さらにご飯を入れて混ぜ（写真2）、弱火で煮詰める。

4　3に1のホウレン草を入れて混ぜ（写真3）、チーズを加えてさらに混ぜ（写真4）、塩、コショウ、レモン汁で味を調える。

かぼちゃのニョッキ

野菜スープ　そば粉のニョッキ入り

かぼちゃのニョッキ

そのまま食べてもおいしいかぼちゃですが、こんなふうにニョッキにすると、目先がかわってまた楽しいものです。クリーム系のソースがよく合います。

材料（4人分）
ニョッキ
| カボチャ（小）　1/2個（ピューレにして400g）
| 小麦粉（薄力粉）　100g
| 卵　1/2個
| 塩、コショウ　各少量
シイタケ（6等分のくし形切り）　120g
シメジ（ほぐす）　120g
栗（殻、渋皮をむき、ゆでたもの）　160g
玉ネギ（みじん切り）　30g
無塩バター　20g
ブイヨン　180cc
ベシャメルソース（p.99参照）　140〜200g
生クリーム　120cc
塩、コショウ、レモン汁

1　カボチャのニョッキを作る。カボチャは蒸して皮を除き、熱いうちに裏漉しし、平らに広げて粗熱をとる。

2　**1**が冷めたらボウルに入れ、小麦粉、卵、塩、コショウを加えてよく混ぜ合わせる（写真**1**）。

3　鍋に湯を沸騰させ、塩を少量加える。**2**を適量スプーンですくって指で湯に落としながらゆでる（写真**2**）。湯に入れたときにいったん沈んだニョッキが浮いてきたらほぼゆで上がり（写真**3**。約1分）。水気を切り、冷ましておく。

4　鍋にバターを入れて中火にかけ、玉ネギをしんなりするまで炒める。シイタケ、シメジを加えてさらに炒め、栗、ブイヨン、ベシャメルソース、生クリームを加えて（写真**4**）少し煮詰め、塩、コショウ、レモン汁で味を調える。

5　**3**のニョッキを皿に盛り、**4**を全体にかける。

野菜スープ　そば粉のニョッキ入り

そば（そば粉）は、栄養面からも注目されている素材です。じゃがいもと合わせてこんなふうにニョッキにすれば、子どもたちもおいしく食べられます。

材料（4人分）
玉ネギ（1cm角切り）　80g
ニンジン（1cm角切り）　100g
セロリ（1cm角切り）　50g
大根（1cm角切り）　80g
カブ（半月切り）　80g
キャベツ（2cm角切り）　50g
ベーコン（1cm角切り）　90g
ニンニク　1/2カケ
サラダ油　大さじ1
ブイヨン　800cc
水　500cc
ローリエ　1枚
塩、コショウ
ニョッキ
　ジャガイモ　100g
　そば粉　60g
　卵　1/2個
　塩　少量

1　鍋にサラダ油とニンニクを入れて火にかける。ニンニクが薄く色づいて香りが立ってきたらベーコンを入れ、中火で炒める。
2　**1**のベーコンが色づいてきたら玉ネギ、ニンジン、セロリを加えて（写真**1**）軽く炒め、大根、カブ、キャベツも加えて炒め合わせる。
3　**2**にブイヨン、水、ローリエを入れて（写真**2**）6〜8分煮て、軽く塩、コショウをする。
4　そば粉のニョッキを作る。ジャガイモを蒸して皮をむき、熱いうちに裏漉しし、平らに広げて粗熱をとる。
5　**4**が冷めたらボウルに入れ、そば粉、卵、塩を加えてよく混ぜ合わせ、ひとまとめにする（写真**3**）。
6　**5**を棒状にのばして2cm長さに切る（写真**4**）。これを**3**のスープに加えて4〜5分煮て（写真**5**）、塩、コショウで味を調える。

ミートボール　野菜トマトソース

便利な簡単手作りソース

どちらもさまざまな料理に使え、覚えておくと便利なソースです。
この本でもこれらのソースを使った料理を何品かご紹介しています。
多めに作って冷蔵（冷凍）保存しておくとよいでしょう。

ベシャメルソース

材料
無塩バター　50g
小麦粉（薄力粉）　50g
牛乳　700cc
塩、コショウ

1　鍋にバターを入れて火にかける。
2　1に小麦粉を入れ、弱火でよく炒める（写真1、2）。
3　2に牛乳を少しずつ4、5回に分けて加えながら、よく混ぜ合わせる（写真3）。
4　沸騰したら濃度をみて（写真4）、必要に応じて牛乳を加え、塩、コショウで味を調える。

  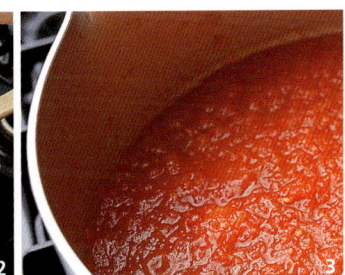 

トマトソース

材料
オリーブ油（ピュア）　20cc
ニンニク　1/2カケ
玉ネギ（みじん切り）　50g
トマトホール（缶詰）　600g
ローリエ　1枚
塩、コショウ　各少量

1　鍋にオリーブ油を入れて火にかけ、ニンニクと玉ネギを入れて中火で炒める（写真1）。
2　なじんだらトマトホールを入れ、ローリエ、塩、コショウを加えて（写真2）弱火で15分ほど煮詰める（写真3）。

ミートボール　野菜トマトソース

ミートボールやハンバーグは子どもたちの大好きな料理の1つ。ここでは同じたねを使った料理を3品ご紹介します。ミートボール自体は鶏挽き肉をベースとしたあっさりとしたものにして、合わせるソースで変化をつけます。

材料(4人分)
ミートボールのたね(右記ハンバーグのたねと同じ)
　240g
ニンニク(みじん切り)　少量
玉ネギ(1.5cm幅のくし形切り)　30g
ナス(1.5cm幅、4cm長さのくし形切り)　50g
ズッキーニ(1.5cm幅、4cm長さのくし形切り)　50g
ジャンボピーマン(黄。1cm幅のくし形切り)　40g
グリーンアスパラガス(4cm長さに切る)　2本分
シメジ(ほぐす)　30g
トマトソース(p.99参照)　200g
ブイヨン　120cc
オリーブ油(ピュア)　適量
パセリ(粗みじん切り)　少量
塩、コショウ

1　ミートボールのたねを1個30gにとって丸め、150℃のオーブンで10分ほど火を通す(またはフライパンで焼く。写真**1**)。
2　鍋にオリーブ油とニンニクを入れて火にかけ、玉ネギを加えて軽く炒める。ナス、ズッキーニ、ジャンボピーマン、グリーンアスパラガス、シメジを入れてさっと炒める(写真**2**)。
3　**2**にトマトソース、ブイヨンを加えて4〜5分煮て(写真**3**)、塩、コショウで味を調え、パセリを加える。
4　**1**のミートボールを器に並べ、**3**をかける(写真**4**)。
＊ミートボールはフライパンで軽く焼き目をつけてからオーブンに入れてもよい。また、最後までフライパンで焼く場合は、少しころがしながら焼くとよい。

ハンバーグのたね

材料
鶏モモ挽き肉(粗挽き)　800g
玉ネギ(みじん切り)　160g
パン粉　80g
コショウ(好みにより黒コショウ)、塩　各少量

材料をすべて混ぜ合わせる(まとまりづらいときは卵白を少し加える)。

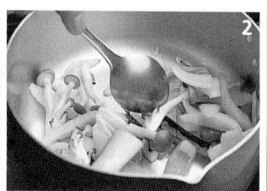

ハンバーグ　野菜クリームソース

材料 (4人分)
ハンバーグのたね (p.100参照)　400g
A
　玉ネギ (1cm幅のくし形切り)　30g
　サヤインゲン　30g
　ブロッコリー (小房に分ける)　60g
　キヌサヤ　30g
　グリーンアスパラガス　60g
ホールコーン (缶詰)　40g
ベシャメルソース (p.99参照)　200g
生クリーム　140cc
アサツキ (5mmの小口切り)　少量
サラダ油、塩、コショウ、レモン汁

1　ハンバーグのたねは4等分にし、それぞれ小判形に形を整え、中央を少しへこませておく。
2　フライパンにサラダ油を少量ひいて火にかけ、**1**を入れて両面ともこんがりと焼く (写真**1**)。
3　**A**の野菜は塩ゆでする。サヤインゲンとアスパラガスは5cm長さに切る。
4　鍋にベシャメルソースと生クリームを入れて火にかけ、塩、コショウで調味する。
5　**4**に**3**の野菜と汁気を切ったホールコーンを加え (写真**2**)、味をみて塩、コショウ、レモン汁で味を調える。
6　皿に**2**のハンバーグを盛り、**5**のソースをかけ、アサツキを散らす。

ミートボール　根菜クリームソース

材料 (4人分)
ミートボールのたね (p.100ハンバーグのたねと同じ)　300g
A
　玉ネギ (小角切り)　30g
　ゴボウ (斜め切り)　15g
　サツマイモ (輪切り)　50g
　ジャガイモ (輪切り)　20g
　ニンジン (いちょう切り)　20g
　レンコン (小角切り)　30g
　カボチャ (乱切り)　40g
ベーコン (拍子木切り)　20g
ベシャメルソース (p.99参照)　150g
生クリーム　100cc
塩、コショウ、レモン汁
アサツキ (5mmの小口切り)　少量

1　ミートボールのたねを1個30gにとって丸め、150℃のオーブンで10分ほど火を通す (またはフライパンで焼く。写真**1**)。
2　**A**の野菜はそれぞれ塩ゆでする。ベーコンもさっと湯に通す (写真**2**)。
3　鍋にベシャメルソースと生クリームを入れて火にかけ、**2**の野菜とベーコンを入れて混ぜ、塩、コショウ、レモン汁で味を調える。アサツキを加える。
4　**1**のミートボールを皿に盛り、**3**をかける。

ハンバーグ　野菜クリームソース

ミートボール　根菜クリームソース

手作りおやつ

市販のおやつはたくさんありますが、ときにはご家庭で、安全で愛情たっぷりの手作りのおやつを食べさせてあげたいもの。子どもたちにとってはおやつも大切な栄養です。

卵とベーコンとチーズのガレット

1
2
3
4
5
6

卵とベーコンとチーズのガレット

ガレットとはそば粉で作るクレープのこと。この卵とベーコン（ハム）とチーズをのせたものは、フランス（ブルターニュ地方）で食べられている、もっともシンプルなガレットです。

材料
そば粉のクレープ生地（10〜12枚分）
　そば粉　300g
　水　300cc＋240cc
　卵　1/2個
　塩　少量
無塩バター　少量
A（1枚につき）
　卵　1個
　ベーコン　2枚
　グリュイエール・チーズ（シュレッド）　30g
　パセリ（みじん切り）　少量

1　そば粉のクレープ生地を作る。ボウルにそば粉と塩を入れ、水300ccを少量ずつ加えながらよく混ぜ合わせる（写真**1**）。ある程度混ざったら溶き卵を加えてさらによく混ぜ合わせる（写真**2**、**3**）。
2　**1**に水240ccをはって冷蔵庫で半日ほどねかせた後、よく混ぜ合わせる。
3　フライパン（あればテフロン加工がよい）を弱火にかけてバターを溶かし、**2**の生地をごく薄く流す（写真**4**）。下の面が焼けたら（写真**5**）裏返し、**A**の卵を1個割り入れフォークで軽く崩す。ベーコンをのせ（写真**6**）、チーズを散らす。チーズが溶けたら皿に盛り、パセリをふる。同様にして枚数分作る。

バナナのクレープ

グラニュー糖でカラメル状に焼いたバナナがおいしい。

材料
クレープ生地（14、15枚分）
　小麦粉（薄力粉）　100g
　牛乳　200cc
　卵　2個弱
　無塩バター　25g
　塩　少量
無塩バター　6〜7g
A（1枚につき）
　バナナ（斜め薄切り）　小1本分
　グラニュー糖　大さじ1

1　クレープの生地を作る。ボウルに卵と塩を入れて割りほぐす。小麦粉をふるって加え、混ぜ合わせる。
2　**1**に牛乳を少しずつ加えながら、ダマができないようよく混ぜ合わせる（写真**1**）。
3　小さなフライパンにバターを入れて熱し、軽く焦がして香りをつけ（写真**2**）、**2**に加えて混ぜ合わせた後（写真**3**）、漉す。1〜2時間ほど冷蔵庫でねかせておく。
4　フライパン（あればテフロン加工がよい）を弱火にかけてバターを溶かし、**3**の生地をごく薄く流す（写真**4**）。
5　縁のほうが固まってきたら**A**のバナナを並べ、グラニュー糖をふり入れる（写真**5**）。
6　下の面に焼き色がついたら裏返し、バナナのほうも焼く（写真**6**、**7**）。こんがりと焼き色がついたら皿にあける（写真**8**）。同様に枚数分作る。

バナナのクレープ

1

2

3

4

5

6

7

8

1

2

3

4

りんごのクレープ包み

りんごのクレープ包み

クレープの中には甘酸っぱく煮たりんごがたっぷり入っています。

材料
クレープ生地（14、15枚分）
小麦粉（薄力粉）　100g
牛乳　200cc
卵　2個弱
無塩バター　25g
塩　少量
煮リンゴ
リンゴ　5個
無塩バター　20〜30g
グラニュー糖　40〜50g
水　30ccほど
無塩バター　6〜7g
粉糖　適量

1　p.104のバナナのクレープの作り方**1〜3**と同様にして、クレープの生地を作る。
2　煮リンゴを作る。リンゴは芯を除いて皮をむき、6等分のくし形に切って端から薄切りにする。鍋に入れ、バター、グラニュー糖、水を加え、ふたをして弱火にかける（写真**1**）。20〜30分ほど煮て汁気がほとんどなくなったら、ヘラで鍋底からかき混ぜながら軽く焼き色をつけて（写真**2**）、火からおろす。
3　フライパン（あればテフロン加工がよい）を弱火にかけてバターを溶かし、**1**の生地をごく薄く流す（写真**3**）。下の面が焼けたら裏返し、両面とも焼いたらとり出す。同様に枚数分焼く。
4　**3**の焼いたクレープに**2**のリンゴを適量のせて半分に折りたたんで（写真**4**）皿に盛り、粉糖をかける。

オープンサンド
（卵、かに、ほうれん草のサラダのせ）

栄養バランスのよいサラダをのせたオープンサンド。飲み物にも気を配ってよりバランスよく。簡単な昼食としてもいいでしょう。

材料（2、3人分）
バゲット（斜めに切ったもの）　2、3枚
カニ肉（缶詰でも可）　80g
ゆで卵　2個（120g）
ホウレン草　1/4杷
マヨネーズ（下記参照）　50g
塩、コショウ

1　ホウレン草はさっとゆで、すぐに冷水にとり、水気を切った後細かく切る。ゆで卵は殻をむき、粗くほぐす。
2　ボウルに水気をとったカニ肉、**1**のホウレン草とゆで卵、マヨネーズを入れて混ぜ合わせ、塩、コショウで味を調える。
3　適当な厚さに切ったバゲットに**2**のサラダをのせる。

マヨネーズ

材料
サラダ油　400cc
卵黄　2〜3個分
マスタード粉　小さじ1
酢（好みのもの）　大さじ1 2/3
塩　小さじ1
コショウ　少量

ボウルに卵黄、マスタード粉、酢、塩、コショウを入れてホイッパーで混ぜ合わせる。ボウルの端からサラダ油を少しずつ加えながら全体をしっかり混ぜ合わせる。
＊マスタードや酢の違いにより味はかわるので、好みのもので作るとよい。

りんごとヨーグルトの冷たいスープ

材料（3、4人分）
リンゴ　190g
クレソン（さっとゆでたもの）　20g
ヨーグルト（プレーン）　80g
牛乳　250cc
塩

1　皮をむき適宜に切り分けたリンゴ、クレソン、ヨーグルト、牛乳を合わせてミキサーにかけ、塩で味を調える。
＊なめらかにしたいときは裏漉すとよい。

バナナのドリンク

材料（4人分）
バナナ（皮をとったもの）　190g
オレンジジュース（オレンジを絞ったもの）　150cc
牛乳　200cc

1　皮をむいて適宜に切り分けたバナナ、オレンジジュース、牛乳を合わせてミキサーにかける。

りんごとヨーグルトの冷たいスープ

バナナのドリンク

オープンサンド（卵、かに、ほうれん草のサラダのせ）

じゃがいものドリンク

フレンチトースト　洋なしのポワレ添え

フレンチトースト
洋なしのポワレ添え

厚めのパンに、卵や牛乳で作るソースをたっぷりしみ込ませて焼くフレンチトースト。そのままでもおいしいものですが、洋なしのポワレを添えればよりおいしそうに。甘いものには甘くないドリンクを添えましょう。

材料（4人分）
食パン（4枚切り）　2枚
無塩バター　20g
A
| 卵　2個
| 牛乳　200cc
| グラニュー糖　50g
洋ナシのポワレ
| 洋ナシ（よく熟したやわらかめのもの。または缶詰）
|　　2個
| 無塩バター　20g
| グラニュー糖　少量
粉糖　適量

1　Aをボウルでよく混ぜ合わせ、漉す。
2　バットに1を入れてパンを浸し、冷蔵庫に入れておく。30分ほどたったら裏返し、さらに30分浸す（写真1。半日ほどつけておくとなおよい）。
3　フライパンにバターを入れて中火にかけ（焦がさないように注意）、2のパンを入れ、両面を色よく焼き上げる（写真2。両面に焼き色をつけた後、150℃のオーブンに10分ほど入れてもよい）。
4　洋ナシのポワレを作る。フライパンにバターを入れて中火にかける。洋ナシ（生の場合は皮をむいて8等分のくし形切りにする）を入れ、ゆっくりとソテーする。両面に焼き色がついたらグラニュー糖をふりかけ、フライパンをゆすりながら両面をカラメル色に仕上げる（写真3、4）。
5　3のフレンチトーストを食べやすく切り分けて皿にのせ、4の洋ナシをあしらい、粉糖をかける。
＊シナモンパウダーをかけたり、ホイップクリームを添えてもよい。

じゃがいものドリンク

じゃがいもの種類、たとえばメークイーンか男爵かによって味がかわります。

材料（4人分）
ジャガイモ（蒸したもの）　150g
ホウレン草（ゆでたもの）　1/2杷
牛乳　450cc
塩、コショウ、レモン汁

1　ジャガイモ、ホウレン草、牛乳を合わせてミキサーにかけ、塩、コショウ、レモン汁で味を調える。

私は10年ほど前から「親と子の料理教室」を実施していますが、その中で活用したいのが、地元の新鮮な食材です。採れたての野菜などは香りや風味が豊かです。まずそういう素朴な味を五感で感じてほしい。料理は五感を全部使って味わうことが大切です。たとえば野菜の色や形。同じトマトでもいろいろなものがあるはずです。そしてにんじんや玉ねぎの香り。肉や魚の質感や重さ。それからその素材を料理することによって、味の世界が無限に広がるおもしろみを知ってもらいたい。子どもたちには、素材でも調理の途中でも、おおいにつまみ食いをさせてあげてほしいと思います。そして作った料理を家族や友だちと一緒に味わう喜びも感じてほしい。

できれば伝統食や郷土料理、行事食などを通して食体験を重ねながら、料理の素材のことから自然の環境への配慮、他の地域や他の国々との食文化の違いや習慣など、子どもたちの興味が広がっていくように望んでいます。

季節を感じ、自然のおいしさを知ることは、健康なからだや健康な精神を育てるためにも必要なことです。自然の恵みに感謝し、植物にしても家畜にしても、その生命の尊さを感じられるようになったら、ふれあいのある社会づくりに役立つのではないかと考えます。

子どもに作ってあげたい料理

初版発行　2002年11月30日
6版発行　2008年5月10日
著者◎　野﨑洋光（のざきひろみつ）、三國清三（みくにきよみ）、音羽和紀（おとわかずのり）
発行者　土肥大介
発行所　株式会社柴田書店
　　　　〒113-8477　東京都文京区湯島3-26-9
　　　　　　　イヤサカビル
　　　　電話　注文・問合せ　03-5816-8282（営業部）
　　　　　　　書籍編集部　　03-5816-8260
ホームページURL　http：// www.shibatashoten.co.jp
郵便振替口座　00180-2-4515
印刷・製本　図書印刷株式会社

撮影協力
ヤヨイ食品株式会社
夕張郡栗山町立継立小学校

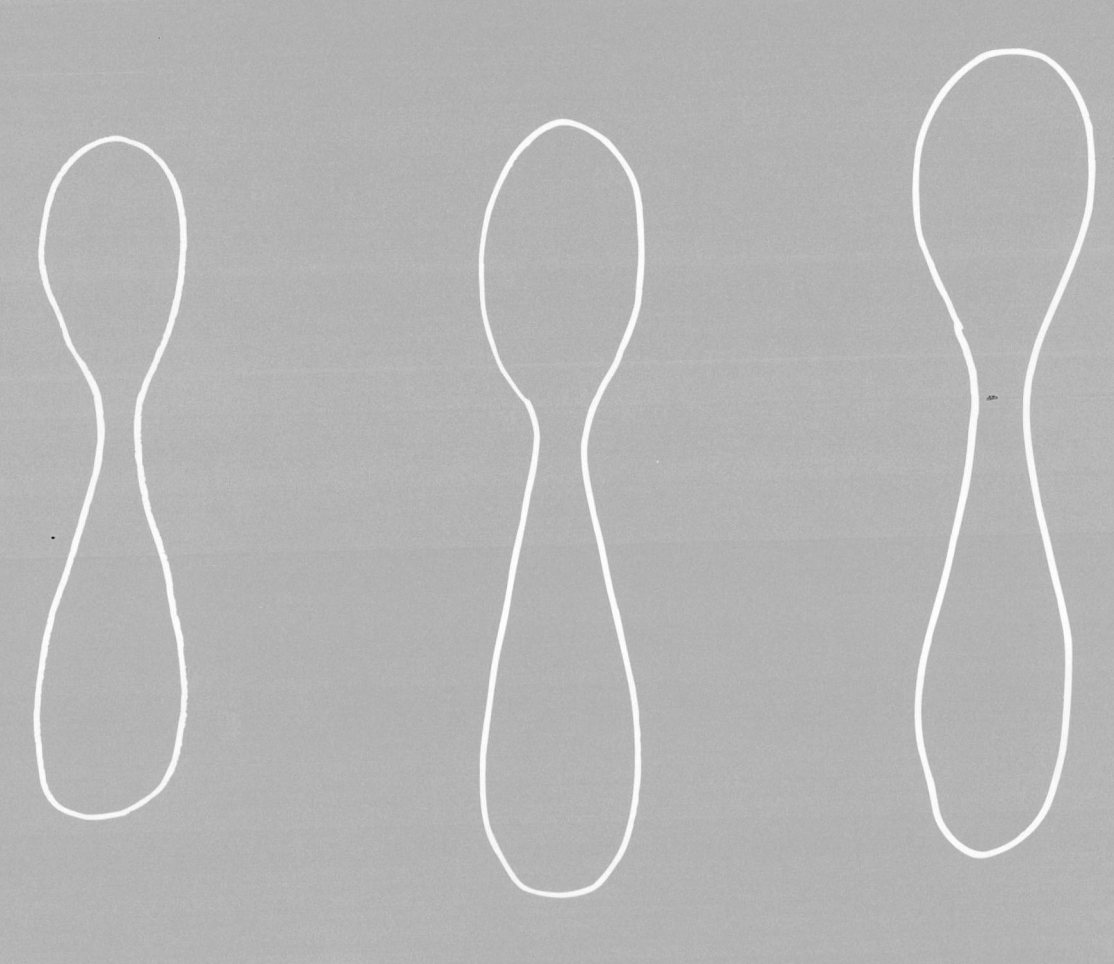